Großes Buch vom Backen

Tandem Verlag GmbH, Königswinter

Covergestaltung: Rincón², Design & Produktion GmbH, Köln

Die Rezepte sind – wenn nicht anders
angegeben – für 4 Personen berechnet.

ISBN 3-89731-019-8

In Zusammenarbeit mit Dr. Oetker

Großes Buch vom
BACKEN

Die Basis für erfolgreiches Backen mit über 200 Rezepten

TANDEM
VERLAG

KLASSISCHE OBST- UND SAHNE-TORTEN

Die Torten-Klassiker sind Favoriten bei Familienfesten und an hohen Feiertagen. Die fruchtig-frischen Obst- und Sahnetorten erfreuen sich besonders in den warmen Sommermonaten großer Beliebtheit. Denn wer kann schon einer herbsüßen Stachelbeer-Torte, mit Sahne verziert, widerstehen?

LÜBECKER MARZIPANTORTE

Für den Rührteig:
150 g Marzipan-Rohmasse
7 Eigelb
120 g Zucker
1 Päckchen Bourbon Vanille-Zucker
1 Prise Salz
200 g Zartbitter-Schokolade
1 Päckchen Rumback
2 TL Instantkaffee
50 g süße Mandeln, gehackt
150 g Weizenmehl
1 gestr. TL Backpulver
7 Eiweiß
Zum Aprikotieren:
3 EL Aprikosenkonfitüre
Für den Guß:
100 g Halbbitter-Kuvertüre
1 TL Instantkaffee
Zum Garnieren:
100 g Halbbitter-Kuvertüre
50 g Marzipan-Rohmasse
25 g Puderzucker

Für den Rührteig die Marzipan-Rohmasse mit den Rührbesen der Küchenmaschine in 1 Minute geschmeidig rühren. Eigelb, Zucker, Vanille-Zucker und Salz hinzufügen und so lange rühren, bis eine gebundene Masse entstanden ist. Die Schokolade im Wasserbad auflösen, zu der Masse geben und unterrühren. Das Rumback mit dem Instantkaffee sehr gut verrühren und zusammen mit den Mandeln ebenfalls unterrühren. Das Weizenmehl mit dem Backpulver mischen, sieben und auf mittlerer Stufe unterrühren. Das Eiweiß steif schlagen und vorsichtig unter den Teig heben. Den Teig in eine gefettete Spring- oder Rosettenform füllen und glattstreichen. Die Form auf dem Rost in den Backofen schieben.
Strom: etwa 175 Grad (vorgeheizt)
Gas: 2–3 (nicht vorgeheizt)
Backzeit:
65–70 Minuten.
Zum Aprikotieren die Aprikosenkonfitüre durch ein Sieb streichen und den Kuchen sofort nach dem Backen damit bestreichen.
Für den Guß die Kuvertüre in einem kleinen Topf bei schwacher Hitze geschmeidig rühren. Etwas abkühlen lassen, bis die Masse dickflüssig ist, wieder erwärmen, mit Instantkaffee verrühren, den Kuchen damit überziehen.
Zum Garnieren die Kuvertüre in einem kleinen Topf bei schwacher Hitze auflösen. Die aufgelöste Kuvertüre mit einem Spachtel auf eine Marmor- oder Porzellanplatte auftragen und kalt stellen. Mit dem Spachtel über die ausgekühlte Kuvertüre schaben und die Schokolade aufrollen. Die Torte mit den Röllchen garnieren. Die Marzipan-Rohmasse mit dem Puderzucker verkneten, mit dem Daumen kleine Blätter drücken. Mit dem Messerrücken die Blattrippen eindrücken. Die Marzipanblätter auf die Schokoladenröllchen geben.

QUARKSCHAUMTORTE

175 g weiche Butter
150 g Zucker
abgeriebene Schale von 1 Zitrone (unbehandelt)
2–3 EL Zitronensaft
7 Eier
750 g Magerquark
75 g Grieß
Puderzucker

Die Butter mit einem Handrührgerät mit Rührbesen auf höchster Stufe in etwa 1/2 Minute geschmeidig rühren. Nach und nach Zucker, abgeriebene Zitronenschale und Zitronensaft unterrühren. So lange rühren, bis eine gebundene Masse entstanden ist. Die Eier nach und nach unterrühren (jedes Ei etwa 1/2 Minute). Den Magerquark mit dem Grieß eßlöffelweise auf mittlerer Stufe unterrühren. Den Teig in eine gefettete Springform (Durchmesser etwa 28 cm) füllen und glattstreichen. Die Form auf dem Rost in den vorgeheizten Backofen schieben.
Strom: etwa 175 Grad
Gas: 2–3
Backzeit:
etwa 70 Minuten.
Den gebackenen Kuchen noch etwa 30 Minuten im Backofen bei etwas geöffneter Backofentür ruhen lassen. Erst dann herausnehmen und in der Form erkalten lassen. Rundherum auf der Tortenoberfläche mit Puderzucker bestäuben.

EISTORTE

Für das Erdbeerparfait:
3 Eigelb
150 g Puderzucker
1 Päckchen Vanillin-Zucker
1 Prise Salz
200 g Doppelrahm-frischkäse
Saft von 1 Zitrone
300 g Erdbeeren
250 g Heidelbeeren
1 Eiweiß
3 Becher Schlagsahne (600 ml)

Für den Biskuitteig:
4 Eier
25 g Zucker
1 Päckchen Vanillin-Zucker
1 Prise Salz
50 g Weizenmehl
50 g gemahlene Haselnußkerne
30 g Speisestärke
1 TL Backpulver

Zum Garnieren:
100 g Erdbeeren
100 g Heidelbeeren
einige Blättchen Zitronenmelisse

Eigelb mit Puderzucker, Vanillin-Zucker und Salz schaumig rühren. Den Frischkäse und Zitronensaft unterrühren. Die Früchte putzen, waschen, 100 g Heidelbeeren und alle Erdbeeren pürieren. Zusammen mit den restlichen Heidelbeeren unter die Masse ziehen. Das Eiweiß und 400 ml Sahne getrennt steif schlagen und unter die Masse heben. Im Gefriergerät etwa 4 Stunden gefrieren lassen, zwischendurch umrühren. Die Eier trennen. Das Eiweiß steif schlagen, dabei Zucker, Vanillin-Zucker und Salz nach und nach einrieseln lassen. Das Eigelb unterziehen. Das Mehl, die Nüsse, die Speisestärke und das Backpulver unterheben. Den Teig in eine mit Backpapier ausgelegte Springform (24 cm Durchmesser) füllen und im Backofen backen.
Strom: 200 Grad
Gas: 3
Backzeit: 20 Minuten.
Auskühlen lassen und quer in drei Teile schneiden. Das Parfait 15 Minuten antauen lassen und auf die Tortenböden streichen. Die Böden aufeinander setzen. Die restliche Sahne steif schlagen und auf die Torte streichen. Mit Erdbeeren, Heidelbeeren und Zitronenmelisse garnieren.

APRIKOSEN-MANDEL-TORTE

(ohne Foto)

Für den Teig:
250 g Weizenmehl
2 gestrichene TL Backpulver
75 g Zucker
1 Päckchen Vanillin-Zucker
Salz
1 Ei
100 g kalte Butter

Für den Belag:
100 g abgezogene, gemahlene Mandeln
100 g Zucker
1 Ei
100 ml Schlagsahne
500 g Aprikosen (aus der Dose)
abgezogene Mandeln

Für den Teig das Weizenmehl mit dem Backpulver mischen und auf die Tischplatte sieben. In die Mitte eine Vertiefung eindrücken. Zucker, Vanillin-Zucker, Salz und Ei hinzugeben und mit einem Teil des Mehls zu einem dicken Brei verarbeiten. Die Butter in Stücke schneiden, auf den Brei geben und mit Mehl bedecken. Von der Mitte aus alle Zutaten schnell zu einem glatten Teig verkneten. Sollte er kleben, ihn eine Zeitlang kalt stellen. Den Teig auf dem Boden einer Springform (Durchmesser etwa 28 cm) ausrollen, den Teig so an die Form drücken, daß ein etwa $1^1/_2$ cm hoher Rand entsteht.

Für den Belag die Mandeln mit Zucker, Ei und Sahne zu einer geschmeidigen Masse verrühren. Auf den Teigboden streichen. Die Aprikosen abtropfen lassen und mit der Innenseite nach oben auf dem Teig verteilen. In die Vertiefung jeder Aprikose jeweils eine Mandel legen.

Strom: 175–200 Grad (vorgeheizt)
Gas: 3–4 (nicht vorgeheizt)
Backzeit:
etwa 45 Minuten.

ERDBEER-JOGHURT-TORTE

Für den Teig:
120 g Weizenmehl
1 TL Backpulver
1 Prise Salz
1 Ei
etwas abgeriebene Zitronenschale
60 g Butter oder Margarine
50 g Zucker
80 ml Milch
Fett und Semmelmehl für die Form

Für die Creme:
500 g Erdbeeren
800 g Vollmilch-Joghurt
2 Becher Crème double (je 125 g)
100 g Zucker
Saft von 2 Zitronen
abgeriebene Schale von 1 Zitrone (unbehandelt)
12 Blatt weiße Gelatine

Die Teigzutaten mit den Rührbesen des Handrührgerätes zu einem glatten Teig verrühren. In eine gefettete, mit Semmelmehl ausgestreute Springform (20 cm Durchmesser) füllen und im Backofen backen.
Strom: 200 Grad
Gas: 3
Backzeit: 20 Minuten.
Auf einem Kuchengitter auskühlen lassen.

Die Erdbeeren waschen, putzen und in Scheiben schneiden. Eine Eisbombenform (20 cm Durchmesser) damit auslegen. Joghurt, Crème double, Zucker, Zitronensaft und -schale verrühren. Die Gelatine in kaltem Wasser einweichen. Bei schwacher Hitze auflösen und unter Rühren in die Joghurtmasse geben. In die Kugelform

PFÄLZER GELBRÜBENTORTE

auf die Erdbeeren gießen. Den abgekühlten Boden darauf setzen. Im Kühlschrank 3–4 Stunden fest werden lassen. Rand etwas lösen und stürzen.

8 Eigelb
2 EL Zitronensaft
etwas abgeriebene Schale von 1 Zitrone
350 g Zucker
3 EL Kirschwasser
1 gestrichener TL Zimt
Salz
8 Eiweiß
400 g abgezogene, gemahlene Mandeln
400 g geriebene, ausgedrückte Möhren
65 g Speisestärke
Puderzucker zum Bestäuben
evtl. Marzipanmöhren

Das Eigelb mit Zitronensaft und der Zitronenschale mit einem Handrührgerät mit Rührbesen auf höchster Stufe dickcremig schlagen. Den Zucker nach und nach einstreuen und noch etwa 2 Minuten weiterschlagen. Das Kirschwasser, Zimt und eine Prise Salz hinzufügen und unterschlagen. Das Eiweiß steif schlagen, nach und nach unter die Eiercreme ziehen, dann die Mandeln und die Möhren unterrühren. Die Speisestärke über die Teigmasse sieben, kurz auf niedrigster Stufe unterrühren. Den Teig in eine am Boden gefettete Springform (Durchmesser 28 cm) füllen und glattstreichen. Die Form auf dem Rost in den Backofen schieben.
Strom: 175–200 Grad (vorgeheizt), Gas: 3–4 (nicht vorgeheizt),
Backzeit:
55–60 Minuten.
Die Torte mit Puderzucker bestäuben, mit Marzipanmöhren garnieren.

EIERLIKÖR-CREME-KUCHEN

Für den Teig:
100 g Butter oder Margarine
100 g Zucker, 2 Eier
100 g Weizenmehl
1 gestrichener TL Backpulver
etwa 500 g gedünstete Sauerkirschen oder Stachelbeeren
Für den Belag:
1 Päckchen weiße, gemahlene Gelatine
3 EL kaltes Wasser
1 Päckchen Puddingpulver Vanille-Geschmack
500 ml (1/2 l) Milch
50 g Zucker
250 ml (1/4 l) Eierlikör
250 ml (1/4 l) Schlagsahne
Krokant
grüne Marzipanblätter

Für den Teig Butter oder Margarine mit einem Handrührgerät mit Rührbesen auf höchster Stufe in etwa 1/2 Minute geschmeidig rühren. Nach und nach den Zucker unterrühren. So lange rühren, bis eine gebundene Masse entstanden ist. Die Eier nach und nach unterrühren (jedes Ei etwa 1/2 Minute). Das Weizenmehl mit dem Backpulver mischen, sieben und eßlöffelweise auf mittlerer Stufe unterrühren. Den Teig in eine gefettete Springform (Durchmesser etwa 28 cm) mit umgedrehtem Boden füllen und glattstreichen. Die Sauerkirschen oder Stachelbeeren abtropfen lassen und auf dem Teig verteilen. Die Form auf dem Rost in den vorgeheizten Backofen schieben.
Strom: 175–200 Grad
Gas: 3–4
Backzeit:
25–30 Minuten.
Den erkalteten Kuchen auf eine Tortenplatte setzen und einen Tortenring darumlegen.
Für den Belag die Gelatine mit dem Wasser anrühren und 10 Minuten zum Quellen stehenlassen. Aus Puddingpulver, Milch und Zucker nach der Vorschrift auf dem Päckchen einen Pudding kochen. Die gequollene Gelatine unter den heißen Pudding rühren. Unter gelegentlichem Umrühren etwas abkühlen lassen. Den Eierlikör unterrühren. Wenn die Masse beginnt dicklich zu werden, die Schlagsahne steif schlagen und unterheben. Die Creme auf dem Kuchen verteilen und glattstreichen. Im Kühlschrank fest werden lassen. Den Eierlikör-Cremekuchen mit Krokant bestreuen. Mit Marzipanblättern garnieren.
Tip:
Marzipanblätter: etwa 100 g Marzipan-Rohmasse und 50 g gesiebten Puderzucker mit grüner Lebensmittelfarbe verkneten, ausrollen. Blätter ausstechen.

MALAKOFF-TORTE

(ohne Foto)
150 g weiche Butter
125 g feinkörniger Zucker
1 Päckchen Vanillin-Zucker, 3 Eigelb
150 g abgezogene, gemahlene Mandeln
125 ml (1/8 l) Schlagsahne
250 g Löffelbiskuits
250 ml (1/4 l) Milch
1/2 Päckchen Vanillin-Zucker, 3–4 EL Rum
250 ml (1/4 l) Schlagsahne
1 TL Zucker
1 Päckchen Sahnesteif
rote Belegkirschen

Die Butter mit Handrührgerät mit Rührbesen auf höchster Stufe geschmeidig rühren. Nach und nach Zucker und Vanillin-Zucker und Eigelb unterrühren. Die Mandeln und die Schlagsahne unterrühren. Die Milch mit Vanillin-Zucker und Rum verrühren. Die Löffelbiskuits kurz in der Milchmischung wenden. Einen Springformrand (Durchmesser etwa 26 cm) mit Alufolie auslegen und auf eine Tortenplatte setzen. Den Boden mit der Hälfte der Löffelbiskuits auslegen. Die Hälfte der Creme darüber streichen. Die restlichen Löffelbiskuits und die restliche Creme darauf geben, glattstreichen und 3–4 Stunden kühl stellen. Den Springformrand lösen. Die Schlagsahne 1/2 Minute schlagen. Den Zucker und das Sahnesteif mischen, einstreuen. Die Sahne steif schlagen, die Hälfte der Sahne in einen Spritzbeutel mit gezackter Tülle füllen. Mit der restlichen Sahne den Rand und die obere Seite der Torte bestreichen. Die Torte mit der Sahne aus dem Spritzbeutel verzieren. Mit roten Belegkirschen garnieren.

SCHOKOLADEN-MANDEL-TORTE

Für den Teig:
5 Eier
2 EL Rum
125 g Zucker
1 Päckchen Vanillin-Zucker
100 g Weizenmehl
1 gestrichener TL Backpulver
25 g Kakao
100 g abgezogene, gemahlene Mandeln

Für die Füllung:
1 Päckchen Pudding-Pulver Vanille-Geschmack
60 g Zucker
500 ml (1/2 l) kalte Milch
250 g weiche Butter
1 gehäufter EL Aprikosen-Konfitüre

Für den Guß:
100 g Zartbitter-Schokolade
etwas Kokosfett
1 EL Speiseöl
32 abgezogene Mandeln

Für den Teig die Eier und den Rum mit einem elektrischen Handrührgerät mit Rührbesen auf höchster Stufe in 1 Minute schaumig schlagen. Zucker und Vanillin-Zucker mischen, in einer Minute einstreuen. Dann noch 2 Minuten schlagen. Das Weizenmehl mit dem Backpulver und dem Kakao mischen. Die Hälfte davon auf die Eiercreme sieben, kurz auf niedrigster Stufe unterrühren. Den Rest des Mehl-Gemisches mit den Mandeln auf dieselbe Weise unterarbeiten. Den Teig in eine gefettete, mit Pergamentpapier ausgelegte Springform (Durchmesser etwa 28 cm) füllen und glattstreichen. Die Form auf dem Rost in den vorgeheizten Backofen schieben.
Strom: 175–200 Grad
Gas: 3–4
Backzeit:
25–30 Minuten.
Den gebackenen Tortenboden aus der Form stürzen. Das Papier abziehen, den Boden erkalten lassen und zweimal durchschneiden.
Für die Füllung aus dem Pudding-Pulver mit Zucker und Milch nach Vorschrift auf dem Päckchen einen Pudding zubereiten. Den Pudding erkalten lassen, ab und zu durchrühren. Die Butter geschmeidig rühren.

Den Pudding eßlöffelweise unterrühren. 3 Eßlöffel von der Creme in einen Spritzbeutel mit gezackter Tülle geben. Mit der restlichen Creme die 3 Tortenböden bestreichen und zu einer Torte zusammensetzen. Den Tortenrand ebenfalls bestreichen. Die Aprikosen-Konfitüre durch ein Sieb streichen. Die Tortenoberfläche damit bestreichen (Foto 1). Die Torte einige Zeit kalt stellen.

Für den Guß die Schokolade in kleine Stücke brechen. Mit etwas Kokosfett in einem kleinen Topf im heißen Wasserbad geschmeidig rühren. Die Torte ganz damit bestreichen (Foto 2). Auf den festgewordenen Guß eine Buttercreme-Spirale spritzen. Das Speiseöl in einer Pfanne erhitzen und die Mandeln darin bräunen lassen (Foto 3). Auf Küchenpapier erkalten lassen. Die Torte damit garnieren (Foto 4).

Tip:
Die unbestrichenen Tortenböden mit 2–3 Eßlöffel Rum oder Weinbrand beträufeln.

HIMMELSTORTE

Für den Teig:
250 g Butter
200 g Zucker
1 Päckchen Vanillin-Zucker
Salz, 4 Eigelb
250 g Weizenmehl
2 gestrichene TL Backpulver
Für den Belag:
4 Eiweiß, 50 g Zucker
1 Päckchen Vanillin-Zucker
1 gestrichener TL gemahlener Zimt
100 g abgezogene, gehobelte Mandeln

Für die Füllung:
500 g Johannisbeeren
125 g gesiebter Puderzucker
500 ml (1/2 l) Schlagsahne
3 Päckchen Sahnesteif

Für den Teig die Butter mit einem Handrührgerät mit Rührbesen auf höchster Stufe in etwa 1/2 Minute geschmeidig rühren. Nach und nach Zucker und Vanillin-Zucker unterrühren. So lange rühren, bis eine gebundene Masse entstanden ist. Salz und Eigelb nach und nach unterrühren (jedes Eigelb etwa 1/2 Minute). Das Weizenmehl mit dem Backpulver mischen, sieben und eßlöffelweise auf mittlerer Stufe unterrühren.
Für den Belag das Eiweiß steif schlagen. Für 4 Böden jeweils 2 Eßlöffel des Teiges auf einen gefetteten Springformboden (Durchmesser etwa 28 cm) streichen (darauf achten, daß die Teiglage am Rand nicht zu dünn ist, damit der Boden dort nicht zu dunkel wird).
1/4 von dem steifgeschlagenen Eierschnee gleichmäßig auf jedem Boden verteilen. Zucker mit Vanillin-Zucker und Zimt mischen. 1/4 davon und 1/4 von den Mandeln auf jeden Teigboden streuen. Jeden Boden ohne Springformrand im vorgeheizten Backofen backen, bis er hellbraun ist.
Strom: 175–200 Grad
Gas: etwa 3
Backzeit:
15–20 Minuten.
Die Böden sofort nach dem Backen vom Springformboden lösen.
Für die Füllung die Johannisbeeren waschen, gut abtropfen lassen und abstreifen. Mit Puderzucker bestreuen. Die Schlagsahne 1/2 Minute schlagen. Das Sahnesteif einstreuen, die Sahne steif schlagen. Die Johannisbeeren unter die Sahne heben. Die einzelnen Böden mit der Füllung bestreichen und zu einer Torte zusammensetzen. Die oberste Schicht muß aus einem Boden bestehen.

BLITZ-KÄSETORTE

Für den Teig:
120 g Löffelbiskuits
75 g Butter
Für die Füllung:
1 Päckchen Götterspeise Zitronen-Geschmack
200 ml Wasser
200 g Doppelrahm-Frischkäse
125 g Zucker
1 Päckchen Vanillin-Zucker
2 EL Zitronensaft
500 ml (1/2 l) Schlagsahne
Für den Belag:
60 g Löffelbiskuits

Für den Teig die Löffelbiskuits in eine Plastiktüte geben. Die Tüte verschließen. Die Löffelbiskuits mit einem Teigroller zerdrücken und in eine Schüssel geben. Die Butter zerlassen und zu den Löffelbiskuits geben, gut verrühren. Die Masse gleichmäßig in eine Springform (Durchmesser 26 cm, Boden gefettet) verteilen und gut andrücken.
Für die Füllung die Götterspeise mit dem Wasser anrühren, 10 Minuten zum Quellen stehenlassen. Unter Rühren erhitzen, bis die Götterspeise gelöst ist. Etwas abkühlen lassen. Den Frischkäse mit Zucker, Vanillin-Zucker und Zitronensaft verrühren. Die lauwarme Götterspeise unterrühren. Wenn die Masse anfängt dicklich zu werden, die Schlagsahne steif schlagen, unterheben. Die Käsemasse auf dem Boden verteilen und glattstreichen.
Für den Belag die Löffelbiskuits zerkrümeln und auf die Käsemasse streuen. Die Torte bis zum Verzehr kalt stellen.

GEDECKTE APFELTORTE

Für den Teig:
250 g Weizenmehl
1 Ei, Salz
1 Päckchen Vanillin-Zucker
125 g Butter
125 g Zucker
Für die Füllung:
500 g aromatisch-säuerliche Äpfel
Saft von 1 Zitrone
1 TL Zimt
3 EL Zucker
100 g Sultaninen
50 g gehackte Mandeln
Außerdem:
Mehl zum Ausrollen
3 EL Semmelmehl
1 Eigelb, 1 EL Milch
2 EL Aprikosen-marmelade
100 g Puderzucker
2–3 EL Zitronensaft

Das Mehl in eine Rührschüssel geben, in die Mitte eine Mulde drükken. Das Ei, Salz und Vanillin-Zucker hineingeben, leicht verrühren. Die Butter in Flöckchen auf dem Mehl verteilen, den Zucker darüberstreuen und alles zusammen verkneten. Den Mürbeteig in Folie gepackt 2 Stunden im Kühlschrank ruhen lassen.
Inzwischen die Äpfel schälen, vierteln, entkernen und in dünne Scheiben schneiden. Sofort mit dem Zitronensaft mischen. Zimt, Zucker, Sultaninen und Mandeln hinzufügen. Zwei Drittel des Teiges ausrollen, eine gefettete Springform damit auslegen, dabei auch den Springformrand belegen. Den Teig mehrfach einstechen, mit den Semmelbröseln bestreuen und die Apfelmischung einfüllen. Den restlichen Teig ausrollen und darauflegen, die Ränder zusammendrücken. Die Oberfläche mehrmals einstechen und mit dem verquirlten Eigelb bestreichen. Im vorgeheizten Backofen auf der unteren Schiene 45 Minuten bei 200 Grad (Gas: 3–4) backen. Die Torte in der Form abkühlen lassen. Dann auf ein Kuchengitter legen. Die Aprikosenmarmelade erhitzen, die Torte damit bestreichen und trocknen lassen. Den Puderzucker mit dem Zitronensaft verrühren und die Torte damit glasieren.

FRUCHTIGE NUSS-TORTE

(ohne Foto)
Für den Biskuitteig:
6 Eier, 200 g Zucker
1 Päckchen Vanillin-Zucker
1 Msp. gemahlener Zimt
75 g Grieß, 1 EL Kakao
125 g gemahlene Haselnußkerne
250 g geschälte, geraspelte Äpfel
3 EL Apfelgelee
Für den Guß:
100 g Zartbitter-Schokolade
etwas Kokosfett
in Scheiben geschnittene Haselnußkerne

Die Eier mit einem Handrührgerät mit Rührbesen auf höchster Stufe in 1 Minute schaumig schlagen. Zucker, Vanillin-Zucker und Zimt mischen. In 1 Minute einstreuen. Dann noch etwa 2 Minuten schlagen. Den Grieß mit dem Kakao und den gemahlenen Haselnußkernen mischen. Die Hälfte davon auf die Eiercreme geben, kurz auf niedrigster Stufe unterrühren. Den Rest des Grieß-Haselnußkern-Gemisches auf dieselbe Weise unterarbeiten. Die Äpfel unterheben. Den Teig in eine gefettete, mit Pergamentpapier ausgelegte Springform (Durchmesser etwa 26 cm) füllen und glattstreichen. Die Form auf dem Rost in den vorgeheizten Backofen schieben.
Strom: 175–200 Grad
Gas: 3–4
Backzeit:
30–35 Minuten.
Die Torte sofort nach dem Backen aus der Form nehmen und erkalten lassen. Mit dem Apfelgelee bestreichen. Die Schokolade mit dem Kokosfett in einem kleinen Topf im Wasserbad geschmeidig rühren. Die Torte ganz damit bestreichen. Den Rand der Tortenoberfläche mit den Haselnußkernen bestreuen.

HIMBEER-TORTE

Für den Teig:
6 Eier
125 g Zucker
1 Päckchen Vanillin-Zucker
125 g Weizenmehl
Für die Creme:
4 Eigelb
125 g Zucker
1 TL Vanillin-Zucker
60 g Weizenmehl
500 ml (1/2 l) Milch
Für den Belag und die Garnitur:
600 g Himbeeren
250 g (1/4 l) Schlagsahne
60 g gehackte Haselnußkerne oder abgezogene, gehobelte Mandeln
Zum Bestreichen:
1/2 Päckchen Tortenguß, rot
125 ml (1/8 l) Himbeersaft (evtl. ergänzt mit Wasser)
Krokant

Für den Teig die Eier mit einem Handrührgerät mit Rührbesen auf höchster Stufe in 1 Minute schaumig schlagen. Zucker und Vanillin-Zucker mischen, in 1 Minute einstreuen, dann noch etwa 2 Minuten schlagen. Das Weizenmehl auf die Eiercreme sieben und auf niedrigster Stufe unterrühren. Den Teig in eine gefettete, mit Pergamentpapier ausgelegte Springform (Durchmesser etwa 24 cm) füllen. Die Form auf dem Rost in den vorgeheizten Backofen schieben.
Strom: 175–200 Grad
Gas: 3–4
Backzeit:
etwa 30 Minuten.
Den Tortenboden gut auskühlen lassen.
Für die Creme Eigelb, Zucker und Vanillin-Zucker weißschaumig schlagen. Das Weizenmehl darauf sieben und unterziehen. Die Milch zum Kochen bringen und unter die Eigelbmasse rühren. Die Creme bei schwacher Hitze etwa 2–3 Minuten kochen lassen. Die Creme in eine Schüssel umfüllen, auskühlen lassen.
Für den Belag und die Garnitur die Himbeeren sorgfältig verlesen. Den ausgekühlten Tortenboden waagerecht durchschneiden. Den unteren Boden mit knapp 2/3 der Creme bestreichen und mit gut der Hälfte der Himbeeren belegen. Den oberen Boden dünn mit Creme bestreichen und mit der bestrichenen Seite auf die Himbeeren legen. Die restliche Creme auf die Torte streichen. Die Schlagsahne steif schlagen. Den Rand und die obere Seite der Torte mit einem Teil der Schlagsahne bestreichen. Den Rand mit Haselnußkernen oder Mandeln bestreuen. Die restliche Schlagsahne in einen Spritzbeutel mit gezackter Tülle füllen. Die obere Seite der Torte mit einem Sahnerand bespritzen. Die restlichen Himbeeren auf der Torte verteilen.
Zum Bestreichen den Tortenguß mit dem Himbeersaft nach Vorschrift auf dem Päckchen zubereiten. Die Himbeeren damit bestreichen. Den Tortenrand mit Krokant bestreuen.

ÜBERRASCHUNGSTORTE

(ohne Foto)

250 ml (1/4 l) Milch
1 gestrichener EL Speisestärke
3 Eigelb
250 g Zartbitter-Schokolade
150 g weiche Butter
125 ml (1/8 l) Milch
1/2 Päckchen Vanillin-Zucker
etwa 200 g Löffelbiskuits
25 g Schokolade
etwas Kokosfett

Die Milch mit der Speisestärke in einem Topf verrühren, Eigelb unterrühren. Unter ständigem Schlagen erhitzen, bis eine Kochblase aufsteigt. Die Zartbitter-Schokolade in kleine Stücke brechen. In einem kleinen Topf im Wasserbad bei schwacher Hitze geschmeidig rühren. Die Butter mit einem Handrührgerät mit Rührbesen auf höchster Stufe geschmeidig rühren. Die Schokolade unterrühren, zu der Eigelbcreme geben und gut verrühren. Den geschlossenen Rand einer Springform (Durchmesser 24 cm) auf eine Tortenplatte setzen. Den inneren Rand mit Pergamentpapier auslegen. Die Milch mit dem Vanillin-Zucker verrühren. Die Hälfte der Löffelbiskuits kurz darin wenden und den Boden der Tortenplatte damit auslegen. Die Hälfte der Schokoladencreme darauf streichen. Mit den restlichen, ebenfalls in der Vanillemilch gewendeten Löffelbiskuits bedecken. Mit der restlichen Schokoladencreme bestreichen, glattstreichen und fest werden lassen. 25 g Schokolade in kleine Stücke brechen, mit dem Kokosfett in einem kleinen Topf im Wasserbad bei schwacher Hitze geschmeidig rühren. Die Torte unregelmäßig damit besprenkeln.

SCHWARZWÄLDER KIRSCHTORTE

Für den Knetteig:
125 g Weizenmehl
10 g Kakao
1 Msp. Backpulver
50 g Zucker
1 Päckchen Vanillin-Zucker
Salz
100 g weiche Butter oder Margarine

Für den Biskuitteig:
4 Eier
2 EL heißes Wasser
100 g Zucker
1 Päckchen Vanillin-Zucker
75 g Weizenmehl
30 g Speisestärke
10 g Kakao
gut 1 Msp. gemahlener Zimt
1/2 gestr. TL Backpulver

Für die Füllung:
etwa 720 g entsteinte Sauerkirschen (aus dem Glas)
oder
750 g Sauerkirschen
75 g Zucker
30 g Speisestärke
etwa 25 g Zucker
etwa 3 EL Kirschwasser
750 ml (3/4 l) Schlagsahne
50 g Puderzucker
1 Päckchen Vanillin-Zucker
3 Päckchen Sahnesteif
30 g geraspelte Schokolade

Für den Knetteig das Mehl, Kakao und Backpulver mischen und in eine Rührschüssel sieben. Zucker, Vanillin-Zucker, Salz und die Butter hinzufügen. Die Zutaten mit einem Handrührgerät mit Knethaken zunächst kurz auf niedrigster, dann auf höchster Stufe gut durcharbeiten.
Anschließend auf der Tischplatte zu einem glatten Teig verkneten. Sollte er kleben, ihn eine Zeitlang kalt stellen. Den Teig auf dem gefetteten Boden einer Springform (Durchmesser etwa 28 cm) ausrollen. Mehrmals mit einer Gabel einstechen. Den Springformring darumlegen und die Form auf dem Rost in den Backofen schieben.
Strom: 200–225 Grad (vorgeheizt)
Gas: 3–4 (vorgeheizt)
Backzeit:
etwa 15 Minuten.
Sofort nach dem Backen den Tortenboden vom Springformring lösen und darauf erkalten lassen. Dann auf eine Tortenplatte legen.
Für den Biskuitteig die Eier und das Wasser mit einem Handrührgerät mit Rührbesen auf höchster Stufe in 1 Minute schaumig schlagen. Zucker und Vanillin-Zucker mischen und in einer Minute einstreuen. Dann noch etwa 2 Minuten schlagen. Mehl, Speise-

stärke, Kakao, Zimt und Backpulver mischen und die Hälfte davon auf die Eiercreme sieben. Kurz auf niedrigster Stufe unterrühren. Den Rest des Mehlgemisches ebenso unterarbeiten. Den Teig in eine Springform (Durchmesser etwa 28 cm) füllen, deren Boden gefettet und mit Backpapier belegt ist. Die Form auf dem Rost in den Backofen schieben.
Strom: 175–200 Grad (vorgeheizt)
Gas: 3–4 (nicht vorgeheizt)
Backzeit:
25–30 Minuten.

Für die Füllung entweder die Kirschen aus dem Glas gut abtropfen lassen oder die Sauerkirschen waschen, entsteinen und mit dem Zucker mischen. Kurze Zeit zum Saftziehen stehenlassen, eben zum Kochen bringen, abtropfen und erkalten lassen. 250 ml (1/4 l) Saft abmessen (evtl. mit Wasser ergänzen). Die Speisestärke mit 4 Eßlöffeln von dem Saft anrühren, den übrigen Saft zum Kochen bringen. Die Speisestärke unter Rühren in den von der Kochstelle genommenen Saft geben und kurz aufkochen lassen. Die Kirschen unterrühren und die Masse kalt stellen. Mit dem restlichen Zucker (25 g) und Kirschwasser abschmecken. Die Schlagsahne 1/2 Minuten schlagen. Den Puderzucker sieben, mit Vanillin-Zucker und dem Sahnesteif mischen und in die Sahne einstreuen. Die Sahne steif schlagen. Zunächst die Hälfte der Kirschmasse, dann 1/3 der Sahne auf den Knetteig streichen. Den Biskuitboden einmal durchschneiden. Eine Hälfte auf die Sahne legen und gut andrücken. Mit der übrigen Kirschmasse, dann mit der Hälfte der übrigen Sahne bestreichen. Mit dem oberen Biskuitboden bedecken. Den Rand und die Decke gleichmäßig mit der übrigen Sahne bestreichen. Die Torte mit geraspelter Schokolade bestreuen.

BADENER WALNUSS-TORTE

Für den Biskuitteig:
200 g Marzipan-Rohmasse
7 Eigelb
abgeriebene Schale von 1 Zitrone (unbehandelt)
1 Päckchen Vanillin-Zucker
Salz
7 Eiweiß
180 g Zucker
200 g gemahlene Walnußkerne
120 g Weizenmehl
2 gestrichene TL Backpulver
100 g zerlassene, abgekühlte Butter
Für den Guß:
200 g Nuß-Nougatmasse
etwas Kokosfett
etwa 20 g dunkle Kuvertüre
halbierte Walnußkerne

Für den Biskuitteig die Marzipan-Rohmasse in kleine Stücke schneiden. Nach und nach Eigelb, Zitronenschale, Vanillin-Zucker und Salz unterrühren. Mit einem Handrührgerät cremig rühren. Das Eiweiß steif schlagen, dabei unter ständigem Schlagen nach und nach den Zucker hinzufügen. Den Eierschnee auf die Eigelbcreme geben. Die gemahlenen Walnußkerne darauf geben. Das Weizenmehl mit dem Backpulver mischen und auf die Walnußkerne sieben. Die Zutaten vorsichtig unter die Eigelbcreme heben. Die Butter nach und nach unterziehen. Den Teig in eine gefettete Springform (Durchmesser etwa 26 cm) füllen und glattstreichen. Die Form auf dem Rost in den vorgeheizten Backofen schieben.
Strom: 175–200 Grad
Gas: 3–4
Backzeit:
etwa 40 Minuten.
Den Tortenboden erkalten lassen.
Für den Guß die Nuß-Nougatmasse mit etwas Kokosfett in einem kleinen Topf im Wasserbad geschmeidig rühren. Die Torte damit bestreichen. Die Kuvertüre in einem kleinen Topf im Wasserbad geschmeidig rühren. In ein Pergamentpapiertütchen geben. Die aufgelöste Kuvertüre in Form einer Spirale auf den noch feuchten Tortenguß spritzen (von der Tortenmitte ausgehend). Ein spitzes Holzstäbchen in gleichmäßigen Abständen den achtmal von der Tortenmitte zum Rand durch den noch feuchten Guß ziehen. Diese Tortenachtel nochmals unterteilen, dazu das Holzstäbchen nun vom Rand zur Tortenmitte hin achtmal durch den Guß ziehen, so daß 16 Tortenstücke erkennbar sind. Mit den halbierten Walnußkernen garnieren. Den Guß fest werden lassen.

MASCARPONE-HEIDELBEER-TORTE

500 g Mascarpone
80 g Zucker
Saft von 1 Zitrone
500 g Heidelbeeren
2 kleine oder 1 großer Biskuit-Obsttortenboden (fertig gekauft)
3–4 EL Hagelzucker

Den Mascarpone mit dem Zucker und dem Zitronensaft zu einer glatten Creme rühren. Die Heidelbeeren verlesen, waschen und gut abtropfen lassen. Die Mascarpone-Masse auf die Tortenböden streichen und die Heidelbeeren gleichmäßig darüber verteilen. Den Hagelzucker darüberstreuen.

Tip:
Etwas Marzipan-Rohmasse mit Puderzucker und einigen Tropfen grüner Lebensmittelfarbe verkneten, dünn ausrollen, kleine Blättchen ausschneiden und mit einem Holzspießchen die Blattadern einritzen, die Torte damit verzieren.

BEERENTORTE

Für den Mürbeteig:
75 g Weizenmehl
1/2 TL Kakao
40 g Zucker
60 g Butter oder Margarine
Für den Biskuitteig:
1 Ei, 40 g Zucker, Salz
abgeriebene Schale von 1/2 unbehandelten Zitrone
1 EL Speisestärke
1 Msp. Backpulver
1 EL Weizenmehl
Für den Belag:
12 Blatt rote Gelatine
250 g Erdbeeren
125 g Himbeeren
125 g Brombeeren
125 ml (1/8 l) Wasser
125 ml (1/8 l) Rotwein
100 g Zucker
1 EL Johannisbeergelee
2 Tüten Kirschwasserback
Zum Verzieren:
200 ml (1/5 l) Schlagsahne
1 Päckchen Vanillin-Zucker
1 Päckchen Sahnesteif
1 EL gehackte Pistazien

Die Zutaten für den Mürbeteig verkneten, 30 Minuten kühl stellen.
Für den Biskuitteig das Eiweiß mit 1 Eßlöffel kaltem Wasser steif schlagen. Den Zucker einrieseln lassen. Salz, Zitronenschale und Eigelb unterrühren. Die übrigen Zutaten darübersieben und unterheben. In eine mit Backpapier ausgelegte Springform (18 cm Durchmesser) füllen und im Backofen backen.
Strom: 180 Grad
Gas: etwa 3
Backzeit:
etwa 15 Minuten.
Aus der Form lösen, auskühlen lassen. Den Mürbeteig in Springformgröße ausrollen, in die Form legen und mit einer Gabel mehrmals einstechen. Bei gleicher Temperatur etwa 15 Minuten backen, abkühlen lassen. Die Gelatine 10 Minuten in kaltem Wasser einweichen. Die Beeren verlesen, abspülen und trockentupfen. Die Erdbeeren vierteln. Wasser, Wein und Zucker aufkochen. Die ausgedrückte Gelatine darin auflösen. Die etwas abgekühlte Flüssigkeit mit den Früchten mischen (einige zum Verzieren zurückbehalten) und in eine Eisbombenform (1 l Inhalt) geben. Den Mürbeteigboden mit Johannisbeergelee bestreichen. Den Biskuitboden darauf setzen und mit Kirschwasserback tränken. Die Böden umgekehrt auf die Eisbombe setzen. Kalt stellen, bis das Gelee fest ist. Die Sahne mit Sahnesteif und Vanillin-Zucker steif schlagen. Die Torte stürzen. Die Ränder mit Sahne, den restlichen Früchten und Pistazien garnieren.

PRALINÉ-TORTE

(ohne Foto)

Für den Teig:
200 g Butter
200 g Zucker
1 Päckchen Vanillin-Zucker
4 Eier
1 Fläschchen Rum-Aroma
200 g Weizenmehl
20 g Kakao
6 g (2 gestrichene TL) Backpulver

Für die Füllung:
300 ml Milch
1 Packung Torten-Creme-Pulver Vanille-Geschmack
200 g Butter
2 EL Weinbrand
100 g Schokolade
etwa 40 g grobgeriebene Schokolade
Pralinen

Die Butter geschmeidig rühren. Nach und nach Zucker, Vanillin-Zucker und Eier, Rum-Aroma zufügen. Das Weizenmehl mit Kakao und Backpulver mischen, sieben und eßlöffelweise unterrühren. Den Teig in eine gefettete Springform (Durchmesser 28 cm) füllen.
Strom: 175–200 Grad (vorgeheizt)
Gas: 2–3 (nicht vorgeheizt)
Backzeit: 40 Minuten.
Den Tortenboden gut auskühlen lassen.
Für die Füllung aus Milch, Tortencremepulver und Butter nach Vorschrift auf der Packung eine Creme zubereiten. Den Weinbrand unterrühren. Die Schokolade in kleine Stücke brechen, in einem kleinen Topf im Wasserbad bei schwacher Hitze erwärmen, bis sie weich ist, unter die Buttercreme rühren. Den Tortenboden einmal durchschneiden. Den unteren Boden mit gut der Hälfte der Creme bestreichen, den anderen Boden darauf legen und leicht andrücken. Den Rand und die obere Seite der Torte mit einem Teil der übrigen Creme bestreichen. Den Rand mit der geriebenen Schokolade bestreuen. Die Torte mit der restlichen Creme verzieren und mit Pralinen garnieren.

KUCHEN IN FORMEN

Kuchen in runden und eckigen Formen, gefüllt, glasiert oder getränkt, sie sind die Renner im ganzen Jahr und bereichern den täglichen und auch den sonntäglichen Kaffeetisch. Sie sind auch ideal für ein Picknick im Grünen.

RODONKUCHEN

Für den Teig:
250 g weiche Butter
200 g Zucker
1 Päckchen Vanillin-Zucker, Salz, 5 Eier
500 g Weizenmehl
4 gestrichene TL Backpulver
gut 125 ml (1/8 l) Milch
100 g kandierte Kirschen
150 g Korinthen
150 g Rosinen

Zum Bestäuben:
Puderzucker

Die Butter mit einem Handrührgerät mit Rührbesen auf höchster Stufe in etwa 1/2 Minute geschmeidig rühren. Nach und nach Zucker, Vanillin-Zucker und Salz unterrühren. So lange rühren, bis eine gebundene Masse entstanden ist. Die Eier nach und nach unterrühren (jedes Ei etwa 1/2 Minute). Das Weizenmehl mit dem Backpulver mischen, sieben und abwechselnd eßlöffelweise mit der Milch auf mittlerer Stufe unterrühren (nur so viel Milch verwenden, daß der Teig schwerreißend von einem Löffel fällt). Die kandierten Kirschen halbieren und unter den Teig rühren. Die Korinthen und Rosinen verlesen, vorsichtig unter den Teig heben. Den Teig in eine gefettete Napfkuchenform (Durchmesser etwa 24 cm) füllen. Die Form auf dem Rost in den Backofen schieben.

Strom: 175–200 Grad (vorgeheizt)
Gas: 2–3 (nicht vorgeheizt)
Backzeit: 50–60 Minuten.
Den Rodonkuchen erkaltet mit Puderzucker bestäuben.

HOLLÄNDER KUCHEN

Für den Knetteig:
150 g Weizenmehl
1/2 gestrichener TL Backpulver
75 g Zucker
1 Päckchen Vanillin-Zucker, Salz, 1 Ei
75 g weiche Butter
2 EL Semmelmehl
500 g Sauerkirschen (aus dem Glas)
Für den Rührteig:
200 g Marzipan-Rohmasse
175 g weiche Butter
100 g Zucker
2 EL Kirschwasser
4 Eier
125 g Weizenmehl
1 TL Backpulver
125 g Puderzucker
2 EL Kirschsaft
gehobelte, gebräunte Mandeln

Für den Knetteig das Weizenmehl mit dem Backpulver mischen und in eine Rührschüssel sieben. Zucker, Vanillin-Zucker, Salz, Ei und Butter hinzufügen. Die Zutaten mit einem Handrührgerät mit Knethaken zunächst kurz auf niedrigster, dann auf höchster Stufe gut durcharbeiten. Anschließend auf der Tischplatte zu einem glatten Teig verkneten. Den Teig etwa 30 Minuten kalt stellen. Den Teig dünn ausrollen, eine gut gefettete Rosetten- oder Springform (Durchmesser etwa 28 cm) damit auslegen. Den Teigboden mit Semmelmehl bestreuen. Die Sauerkirschen abtropfen lassen und auf dem Teigboden verteilen.
Für den Rührteig die Marzipan-Rohmasse mit der Butter mit einem Handrührgerät mit Rührbesen auf höchster Stufe in etwa 1/2 Minute geschmeidig rühren. Nach und nach den Zucker und das Kirschwasser unterrühren. So lange rühren, bis eine gebundene Masse entstanden ist. Die Eier nach und nach unterrühren (jedes Ei etwa 1/2 Minute). Das Weizenmehl mit dem Backpulver mischen, sieben und eßlöffelweise auf mittlerer Stufe unterrühren. Den Teig auf die Kirschen geben und glattstreichen. Die Form auf dem Rost in den vorgeheizten Backofen schieben.

Strom 175–200 Grad
Gas: 3–4
Backzeit: etwa 1 Stunde.
Den Kuchen nach dem Backen etwa 5 Minuten in der Form stehenlassen, dann stürzen. Den Puderzucker sieben und mit dem Kirschsaft zu einer dickflüssigen Masse verrühren. Die Kuchenoberfläche damit bestreichen. Den Kuchenrand mit den Mandeln bestreuen.

KIRSCH-MANDELKUCHEN

Für den Teig:
150 g Weizenmehl
1/2 gestrichenen TL Backpulver
50 g Zucker
1 Päckchen Vanillin-Zucker
1 Eiweiß
100 g weiche Butter
1 gehäufter EL Semmelmehl

Für den Belag:
500 g entsteinte Sauerkirschen (aus dem Glas)
1 Eigelb
75 g Zucker
1 Päckchen Vanillin-Zucker
3 EL Schlagsahne
15 g Speisestärke
100 g abgezogene, gehobelte Mandeln

Das Weizenmehl mit dem Backpulver mischen und in eine Rührschüssel sieben. Zucker, Vanillin-Zucker, Eiweiß und Butter hinzufügen. Die Zutaten mit einem Handrührgerät mit Knethaken zunächst kurz auf niedrigster, dann auf höchster Stufe gut durcharbeiten. Anschließend auf der Tischplatte zu einem glatten Teig verkneten. Sollte er kleben, ihn eine Zeitlang kalt stellen.

2/3 des Teiges auf dem gefetteten Boden einer Springform (Durchmesser 28 cm) ausrollen. Den Rest des Teiges zu einer Rolle formen, sie als Rand auf den Boden legen und so an die Form drücken, daß der Rand 1–2 cm hoch wird. Den Teigboden mehrmals mit einer Gabel einstechen. Mit dem Semmelmehl bestreuen.
Für den Belag die Sauerkirschen gut abtropfen

KIRSCH-JOHANNISBEERKUCHEN

lassen und auf dem Teigboden verteilen. Das Eigelb mit Zucker, Vanillin-Zucker, Sahne und Speisestärke verrühren. Die Mandeln unterrühren. Die Masse auf den Kirschen verteilen. Die Form auf dem Rost in den Backofen schieben,
Strom: 175–200 Grad (vorgeheizt)
Gas: 3–4 (nicht vorgeheizt)
Backzeit:
etwa 45 Minuten.

Für den Belag:
750 g Süßkirschen
250 g rote Johannisbeertrauben
Für den Teig:
1 Packung Kuchenmischung „Zitronen-Kuchen"
100 g weiche Margarine
2 Eier
5 EL (75 ml) Wasser
Für den Guß:
1 Päckchen Tortenguß, rot
40 g Zucker
250 ml (1/4 l) Weißwein

Für den Belag den Boden einer Springform (Durchmesser etwa 26 cm) mit Alufolie bedecken. Die Kirschen waschen, entstielen und entsteinen. Die Johannisbeeren waschen, gut abtropfen lassen und abstreifen. Das Obst in die Form geben (1 cm am Rand frei lassen). Den Teig nach der Vorschrift auf der Packung zubereiten und auf das Obst geben. Die Form auf dem Rost in den vorgeheizten Ofen geben.
Strom: 175–200 Grad
Gas: 3–4
Backzeit:
etwa 50 Minuten.
Das Gebäck auf einen Kuchenrost stürzen und erkalten lassen. Den Guß nach der Vorschrift auf dem Päckchen zubereiten und über das Obst verteilen.

APFEL-SAUERRAHMKUCHEN

Für die Streusel:
100 g Weizenmehl
100 g brauner Zucker
100 g Butter, 1 TL Zimt
100 g Mandelblättchen
6 feinsäuerliche Äpfel
Zitronensaft
Für den Teig:
250 g weiche Butter
150 g Puderzucker
4 Eier
400 g Weizenmehl
300 g Sauerrahm
1 TL Zimt
feingehackte Pistazien

Für die Streusel alle Zutaten außer den Mandelblättchen grob miteinander verkneten und kalt stellen. Die Äpfel schälen, das Kerngehäuse entfernen, raspeln und mit Zitronensaft beträufeln.
Für den Teig die Butter mit dem Puderzucker schaumig rühren, die Eier nach und nach dazugeben. Abwechselnd Mehl und Sauerrahm hinzufügen, zuletzt den Zimt. Die Hälfte des Teiges auf ein gefettetes rundes oder eckiges Backblech streichen (sollte nicht größer als 30x40 cm sein), die Äpfel daraufgeben und mit Zimt bestreuen. Die zweite Hälfte des Teiges darüber verteilen. Die Streusel und die Mandelblättchen gleichmäßig daraufstreuen. Die Form auf dem Rost in den vorgeheizten Backofen schieben.
Strom: 200 Grad
Gas: 3–4.
Den Kuchen etwa 50–60 Minuten backen.
Nach Belieben den gebackenen Kuchen mit feingehackten Pistazien bestreuen.

NAPFKUCHEN

250 g weiche Butter
250 g Zucker
1 Päckchen Vanillin-Zucker
Salz
3–4 Eier
375 g Weizenmehl
125 g Speisestärke
1 Päckchen Backpulver
gut 125 ml (1/8 l) Milch
100 g Zartbitter-Schokolade, in kleine Stücke geschnitten
Puderzucker

Die Butter geschmeidig rühren. Nach und nach Zucker, Vanillin-Zucker und Salz unterrühren.
Die Eier nach und nach unterrühren. Das Weizenmehl mit der Speisestärke und dem Backpulver mischen, sieben und abwechselnd eßlöffelweise mit der Milch auf mittlerer Stufe unterrühren. Die Schokolade unter den Teig heben.
Den Teig in eine gefettete Napfkuchenform (Durchmesser 22 cm) füllen.
Die Form auf dem Rost in den vorgeheizten Backofen schieben.
Strom: 175–200 Grad
Gas: 3–4
Backzeit:
50–60 Minuten.
Den erkalteten Kuchen mit Puderzucker bestäuben.

FRANKFURTER KRANZ MIT ERDBEEREN

Für den Teig:
200 g Weizenmehl
70 g Speisestärke
2 gehäufte TL Backpulver
3 EL Milch
140 g weiche Butter oder Margarine
170 g Zucker
1 Prise Salz
4 Eier
2 EL Zitronensaft
Fett für die Form

Für die Füllung:
400 g Erdbeeren
1 Paket Vanillepuddingpulver (für 500 ml Milch)
1 Eigelb
1/2 l Milch
75 g Zucker
1 Päckchen Vanillin-Zucker
1 Prise Salz
30 g Kokosfett
200 g weiche Butter
50 g Puderzucker

Zum Verzieren:
100 g Haselnußkrokant
125 g Erdbeeren
einige Blättchen Zitronenmelisse

Die Teigzutaten mit den Rührbesen des Handrührgerätes zu einem weichen Teig verrühren. Den Teig in eine gefettete Kranzkuchenform (25 cm Durchmesser) füllen, glattstreichen und die Form auf dem Rost in den Backofen schieben.
Strom: 180 Grad
Gas: 2
Backzeit:
35–40 Minuten.
10 Minuten auskühlen lassen, dann aus der Form stürzen und erkalten lassen. Den Boden zweimal quer halbieren. Für die Füllung die Erdbeeren putzen, waschen und halbieren. Das Puddingpulver und das Eigelb mit etwas von der Milch anrühren. Die restliche Milch mit Zukker, Vanillin-Zucker, Salz und Kokosfett einmal aufkochen, dann beiseite stellen. Das angerührte Puddingpulver einrühren und kurz aufkochen lassen. Den Pudding unter Rühren abkühlen lassen. Die Butter mit dem Puderzucker schaumig schlagen. Den kalten Pudding löffelweise unterrühren. Etwas Creme auf den unteren und mittleren Boden streichen. Erdbeerhälften darauf verteilen, mit etwas Creme bestreichen. Zusammensetzen und den oberen Boden darauf setzen. Den Kuchen rundum mit der restlichen Buttercreme bestreichen. Mit Haselnußkrokant bestreuen. Die restlichen Erdbeeren putzen, waschen und auf den Kuchen setzen. Die Melisse waschen, trokkentupfen und den Kuchen damit garnieren.

JOHANNISBEER-KUCHEN

Für den Teig:
50 g Marzipan-Rohmasse
abgeriebene Schale von
1/2 Zitrone (unbehandelt)
60 g Zucker
50 g weiche Butter
oder Margarine
3 Eier
50 g gemahlene Mandeln
100 g Weizenmehl
1 TL Backpulver
Fett für die Form

Für den Belag:
4 Löffelbiskuits
50 g gehackte Mandeln
je 200 g rote, weiße und
schwarze Johannisbeeren

Außerdem:
1 EL Puderzucker
1 Glas rotes Johannis-
beergelee (225 g)

Die Marzipan-Rohmasse mit Zitronenschale und Zucker verkneten. Das Fett, die Eier, Mandeln, Mehl und Backpulver zugeben, gut verrühren. Den Teig in eine gefettete Form (22x30 cm) füllen und glattstreichen.
Die Löffelbiskuits zerkrümeln, mit den Mandeln vermischen und auf den Teig streuen. Die Johannisbeeren von den Stielen streifen, abspülen und abtropfen lassen. Auf dem Kuchen verteilen.
Die Form auf dem Rost in den vorgeheizten Backofen schieben.
Strom: 200 Grad
Gas: 3
Backzeit:
etwa 35 Minuten.
Auskühlen lassen und mit Puderzucker bestäuben. Das Johannisbeergelee kurz aufkochen lassen und dann vorsichtig über den Kuchen gießen, fest werden lassen.

APFELKUCHEN MIT MANDELFÜLLUNG

Für den Teig:
250 g Weizenmehl
1 Ei
1 Prise Salz
125 g Zucker
175 g Butter
Mehl zum Ausrollen

Für den Belag:
1 Ei
75 g Zucker
1/2 TL Zimt
160 g gemahlene Mandeln
6 mittelgroße feinwürzige Äpfel
2 EL Zitronensaft
4 EL Himbeerkonfitüre
1 EL Puderzucker

Das Mehl mit dem Ei, dem Salz, dem Zucker und der Butter verkneten, in Folie gepackt 2 Stunden im Kühlschrank ruhen lassen. Dann den Teig ausrollen, eine Springform (Durchmesser 28 cm) damit auslegen, dabei einen Rand hochziehen.
Für den Belag das Ei mit dem Zucker und dem Zimt schaumig rühren, die Mandeln unterheben. Die Äpfel schälen, halbieren und entkernen, mit dem Zitronensaft bestreichen. Einen Apfel in die Mandelmasse raspeln. Die Masse auf dem Teig verteilen. Die Apfelhälften an den Rundungen mehrmals gleichmäßig einschneiden. Mit der Schnittfläche nach unten auf die Füllung legen und mit 2 Eßlöffeln Himbeerkonfitüre bestreichen. Die Form auf dem Rost in den vorgeheizten Ofen (mittlere Schiene) schieben.
Strom: 200 Grad
Gas: 3–4
Backzeit: 60 Minuten.
Nach 20 Minuten herausnehmen, die Äpfel mit der restlichen Himbeerkonfitüre bestreichen, fertigbacken. Ausgekühlt mit Puderzucker bestäuben.

SANDKUCHEN

(ohne Foto)

Für den Teig:
250 g Butter
200 g Zucker
1 Päckchen Vanillin-Zucker
4 Eier
Salz
einige Tropfen Backöl Zitrone oder Rum-Aroma
125 g Weizenmehl
125 g Speisestärke
1/2 gestrichenen TL Backpulver

Für den Guß:
100 g Schokolade
etwas Kokosfett

Für den Teig die Butter zerlassen und in eine Rührschüssel geben. Das wieder etwas festgewordene Fett mit einem Handrührgerät mit Rührbesen auf höchster Stufe geschmeidig rühren. Nach und nach Zucker und Vanillin-Zucker unterrühren. So lange rühren, bis das Fett und der Zucker weißschaumig geworden sind. Dann die Eier, das Salz und das Backöl hinzugeben (jedes Ei etwa 1/2 Minute unterrühren). Das Weizenmehl mit der Speisestärke und dem Backpulver mischen, sieben und eßlöffelweise auf mittlerer Stufe unterrühren. Den Teig in eine gefettete, mit Pergamentpapier ausgelegte Kastenform (30x11 cm) füllen. Die Form auf dem Rost in den vorgeheizten Backofen schieben.
Strom: 160–180 Grad
Gas: 2–3
Backzeit:
65–75 Minuten.
Für den Guß die Schokolade in kleine Stücke brechen. Mit etwas Kokosfett in einem kleinen Topf im heißen Wasserbad bei schwacher Hitze zu einer geschmeidigen Masse verrühren. Den erkalteten Kuchen damit überziehen.

Sandkuchen (Kastenform 25 cm); Zubereitung wie oben. Zutatenmengen ändern sich wie folgt:

Für den Teig:
200 g Butter, 150 g Zukker, 1 Päckchen Vanillin-Zucker, 3 Eier, Salz, einige Tropfen Backöl Zitrone, 100 g Weizenmehl, 100 g Speisestärke, 1/2 gestr. TL Backpulver, 100 g Schokolade, Kokosfett.
Backeinstellung und Backzeit: wie oben.

REHRÜCKEN

Für den Teig:
100 g weiche Butter
150 g Zucker
1 Päckchen Vanillin-Zucker
Salz
3–4 Eier
100 g Schokolade
75 g Mandeln
50 g Weizenmehl
2 Päckchen Schokoladen-Pudding-Pulver
2 gestrichene TL Backpulver
2 EL Milch
100 g Zartbitter-Schokolade
etwas Kokosfett
gehackte Pistazienkerne

Die Butter mit einem Handrührgerät mit Rührbesen auf höchster Stufe in etwa 1/2 Minute geschmeidig rühren. Nach und nach Zucker, Vanillin-Zucker und Salz unterrühren. So lange rühren, bis eine gebundene Masse entstanden ist. Die Eier nach und nach unterrühren (jedes Ei etwa 1/2 Minute). Die Schokolade reiben und unterrühren. Die Mandeln mit Wasser aufkochen, auf ein Sieb schütten, abziehen und mahlen. Das Weizenmehl mit Schokoladen-Pudding-Pulver und Backpulver mischen und sieben. Abwechselnd eßlöffelweise mit Milch auf mittlerer Stufe unterrühren (nur so viel Milch verwenden, daß der Teig schwer reißend vom Löffel fällt). Zuletzt die Mandeln unter den Teig rühren und in eine gefettete Rehrückenform füllen. Die Form auf dem Rost in den vorgeheizten Backofen schieben.
Strom: 175–200 Grad
Gas: 2–3
Backzeit: 50–60 Minuten.
Für den Guß die Schokolade in kleine Stücke brechen und mit etwas Kokosfett in einem kleinen Topf im Wasserbad bei schwacher Hitze zu einer geschmeidigen Masse verrühren. Den erkalteten Kuchen damit überziehen, mit den Pistazienkernen bestreuen.

APRIKOSENKUCHEN

Für den Teig:
200 g Weizenmehl
25 g Zucker
20 g frische Hefe
1 Ei
etwa 80 ml Milch
Fett für die Form

Für den Belag:
50 g Mandelblättchen
500 g Aprikosen
2 Eier
200 ml (1/5 l) Schlagsahne
2 EL Zucker
2 cl Cognac

Für den Hefeteig das Mehl, Zucker und die zerbröckelte Hefe mischen. Das Ei und die lauwarme Milch zufügen. Mit den Knethaken des Handrührgerätes zu einem geschmeidigen Teig verkneten. An einem warmen Ort abgedeckt 30 Minuten gehen lassen. Nochmals durchkneten. Eine gefettete Pieform (30 cm Durchmesser) damit auslegen. Die Hälfte der Mandelblättchen darüberstreuen. Die Aprikosen häuten, halbieren, entsteinen und auf den Teig legen. Die Eier, Sahne, Zucker und Cognac verquirlen. Die Masse über die Aprikosen gießen. Die restlichen Mandelblättchen darüberstreuen. Die Form auf dem Rost in den Backofen schieben.
Strom: 200 Grad
Gas: 3
Backzeit:
etwa 40 Minuten.

HEFE-GUGLHUPF

1 Päckchen Trocken-Backhefe
1 TL Zucker
200 ml (1/5 l) lauwarme Schlagsahne
500 g Weizenmehl
125 g Zucker
1 Päckchen Vanillin-Zucker
6 Tropfen Backöl Zitrone
Salz
75 g abgezogene, gemahlene Mandeln
3 Eier
200 g zerlassene, abgekühlte Butter
150 g Rosinen
Semmelmehl

Die Trocken-Backhefe mit dem Zucker und der Schlagsahne in einer Schüssel sehr sorgfältig anrühren. Etwa 15 Minuten bei Zimmertemperatur stehenlassen. Das Weizenmehl in eine Rührschüssel sieben. In die Mitte eine Vertiefung eindrücken. Zucker, Vanillin-Zucker, Backöl, Salz, Mandeln, Eier, Margarine oder Butter an den Rand des Mehls geben. Die angesetzte Hefe in die Vertiefung geben. Die Zutaten mit einem Handrührgerät mit Knethaken zunächst auf niedrigster, dann auf höchster Stufe in etwa 5 Minuten zu einem Teig verarbeiten. Den Teig abgedeckt an einem warmen Ort so lange stehenlassen, bis er sich sichtbar vergrößert hat, ihn dann auf höchster Stufe nochmals gut durchkneten. Die Rosinen verlesen und kurz auf mittlerer Stufe unterkneten. Den Teig in eine gefettete, mit Semmelbröseln ausgestreute Napfkuchenform (Durchmesser 24 cm) füllen. Nochmals so lange an einem warmen Ort gehen lassen, bis er sich sichtbar vergrößert hat.
Strom: 170–200 Grad (vorgeheizt)
Gas: 2–3 (nicht vorgeheizt)
Backzeit:
etwa 50 Minuten.

ZWETSCHENKUCHEN MIT MANDELN

(ohne Foto)
Für den Belag:
1–1,2 kg Zwetschen
Für den Teig:
100 g weiche Butter
100 g Marzipan-Rohmasse
80 g Zucker, Salz
2 TL abgeriebene Schale von 1 Zitrone (unbehandelt)
3 Eier, 200 g Weizenmehl
2 gestrichene TL Backpulver
2 EL saure Sahne
50 g abgezogene, gehobelte Mandeln
Für die Mandelmasse:
60 g Butter oder Margarine
60 g Zucker, 2 EL Honig
1 Msp. gemahlener Zimt
150 g unabgezogene Mandeln
3 TL Weizenmehl

Für den Belag die Zwetschen waschen, abtrocknen und entsteinen.
Für den Teig die Butter und die Marzipan-Rohmasse mit einem Handrührgerät mit Rührbesen auf höchster Stufe in etwa 1/2 Minute geschmeidig rühren. Nach und nach Zucker, Salz und abgeriebene Zitronenschale unterrühren. So lange rühren, bis eine gebundene Masse entstanden ist. Die Eier nach und nach unterrühren (jedes Ei etwa 1/2 Minute). Das Weizenmehl mit dem Backpulver mischen, sieben und eßlöffelweise auf mittlerer Stufe unterrühren. Zuletzt die saure Sahne unterrühren. Die Mandeln in einer Pfanne ohne Fett unter Rühren goldbraun rösten. Mit den Händen leicht zerbröseln. Eine gefettete Springform (Durchmesser etwa 28 cm) damit ausstreuen. Den Teig in die Form füllen und glattstreichen. Die Zwetschen sehr dicht dachziegelartig darauflegen.
Für die Mandelmasse die Butter oder Margarine mit Zucker, Honig und Zimt in einem Topf unter Rühren zum Kochen bringen. Die Mandeln in Scheiben schneiden und mit dem Weizenmehl unter die Buttermasse rühren. Noch einmal kurz aufkochen lassen. Die heiße Mandelmasse auf den Zwetschen verteilen. Die Form auf dem Rost in den vorgeheizten Backofen schieben.
Strom: etwa 200 Grad
Gas: 3–4
Backzeit:
40–45 Minuten.
Den gebackenen Kuchen in der Form erkalten lassen. Mit einem scharfen Messer vom Springformrand lösen und auf eine Tortenplatte schieben.
Beilage: Leicht gesüßte, mit Sliwowitz gewürzte Schlagsahne, nach Belieben mit gesiebtem Kakao bestäubt.

FRANKFURTER KRANZ

Für den Teig:
125 g weiche Margarine oder Butter
175 g Zucker
1 Päckchen Vanillin-Zucker
4 Tropfen Backöl Zitrone
Salz
4 Eier
200 g Weizenmehl
50 g Speisestärke
2 1/2 gestrichene TL Backpulver
Für die Buttercreme:
1 Päckchen Pudding-Pulver Vanille-Geschmack
75–100 g Zucker
500 ml (1/2 l) kalte Milch
250 g weiche Butter
Für den Krokant:
1 TL Butter
75 g Zucker
150 g abgezogene, gehackte Mandeln
rote Konfitüre
Kirschen

Für den Teig die Margarine oder Butter mit einem Handrührgerät mit Rührbesen auf höchster Stufe in etwa 1/2 Minute geschmeidig rühren (Foto 1). Nach und nach Zucker, Vanillin-Zucker und Backöl unterrühren. So lange rühren, bis eine gebundene Masse entstanden ist. Die Eier nach und nach unterrühren (jedes Ei etwa 1/2 Minute). Das Weizenmehl mit der Speisestärke und dem Backpulver mischen, sieben und eßlöffelweise auf mittlerer Stufe unterrühren. Den Teig in die gefettete Kranzform füllen. Die Form auf dem Rost in den vorgeheizten Backofen schieben.
Strom: 175–200 Grad
Gas: 2–3
Backzeit:
35–45 Minuten.
Für die Buttercreme aus dem Pudding-Pulver mit dem Zucker und der Milch nach Vorschrift auf dem Päckchen einen Pudding zubereiten. Kalt stellen, ab und zu durchrühren. Die Butter geschmeidig rühren und den Pudding eßlöffelweise daruntergeben (darauf achten, daß weder Fett noch Pudding zu kalt sind, da dann die sogenannte Gerinnung eintritt).
Für den Krokant die Butter, den Zucker und die Mandeln unter Rühren so lange erhitzen, bis der Krokant genügend ge-

bräunt ist. Ihn auf ein Stück Alufolie geben und erkalten lassen. Den Kranz zweimal durchschneiden (Foto 2). Die untere Gebäcklage mit der Konfitüre bestreichen (Foto 3). Die 3 Gebäcklagen mit der Buttercreme zu einem Kranz zusammensetzen. Ihn mit Creme bestreichen (etwas zurücklassen). Mit dem Krokant bestreuen (Foto 4). Mit der zurückgelassenen Creme verzieren. Mit den Kirschen oder Konfitüre garnieren (das Gebäck am besten einen Tag vor dem Verzehr füllen).

MARMORKUCHEN

(ohne Foto)

300 g Puderzucker oder sehr feiner Zucker
300 g weiche Butter oder Margarine
5 Eier
300 g Weizenmehl
4 gestr. TL Backpulver
30–40 g Kakao
2 EL Milch

Außerdem:
Butter oder Margarine für die Form

Den Zucker und das Fett cremig schlagen. Nach und nach die Eier unterrühren. Das Mehl mit dem Backpulver mischen, sieben, unterrühren. Den Teig halbieren und unter eine Hälfte den gesiebten Kakao und die Milch rühren. Eine Napfkuchenform ausfetten und den hellen Teig hineingeben. Den dunklen Teig darüber verteilen und mit einer Gabel spiralförmig durch die Teigschichten ziehen, damit ein Marmormuster entsteht. Die Form auf dem Rost in den vorgeheizten Backofen schieben.
Strom: 175–200 Grad
Gas: 3–4
Backzeit: etwa 1 Stunde.

APFELKUCHEN, SEHR FEIN

Für den Teig:
125 g weiche Butter
125 g Zucker
1 Päckchen Vanillin-Zucker, Salz
1/2 Fläschchen Backöl Zitrone, 3 Eier
200 g Weizenmehl
2 gestrichene TL Backpulver
1–2 EL Milch
Für den Belag:
750 g Äpfel
25 g zerlassene Butter
40 g verlesene Rosinen
Zum Aprikotieren:
2 EL durch ein Sieb gestrichene Aprikosen-Konfitüre
1 EL Wasser

Für den Teig die Butter mit Handrührgerät mit Rührbesen auf höchster Stufe geschmeidig rühren. Nach und nach Zucker, Vanillin-Zucker, Salz, und Backöl Zitrone unterrühren. So lange rühren, bis eine gebundene Masse entstanden ist. Die Eier nach und nach unterrühren (jedes Ei etwa 1/2 Minute). Das Weizenmehl mit dem Backpulver mischen, sieben und abwechselnd eßlöffelweise mit der Milch auf mittlerer Stufe unterrühren (nur so viel Milch verwenden, daß der Teig schwer reißend von einem Löffel fällt). Den Teig in eine Springform (Durchmesser etwa 28 cm, Boden gefettet) füllen und glattstreichen. Für den Belag die Äpfel schälen, vierteln, entkernen und mehrmals der Länge nach einritzen. Kranzförmig auf den Teig legen. Die Äpfel mit zerlassener Butter bestreichen. Nach Belieben die Rosinen darüberstreuen.

Strom: 170–200 Grad (vorgeheizt)
Gas: 3–4 (vorgeheizt)
Backzeit: 40–50 Minuten.
Zum Aprikotieren die Aprikosen-Konfitüre mit Wasser unter Rühren aufkochen lassen. Den Kuchen sofort nach dem Backen damit bestreichen.

Tip:
Anstelle der Äpfel 600 g entsteinte Sauerkirschen verwenden.

FÜRSTENKUCHEN

(ohne Foto)
Für den Teig:
200 g Marzipan-Rohmasse
250 g weiche Butter
125 g Zucker
1 Päckchen Vanillin-Zucker
Salz
5 Eier
1–2 EL Weinbrand
250 g Weizenmehl
1 schwach gehäufter TL Backpulver
100 g feingehackte Halbbitter-Kuvertüre

Zum Aprikotieren:
3 EL Aprikosen-Konfitüre
2 EL Wasser
geröstete Haselnuß-blättchen

Für den Teig die Marzipan-Rohmasse mit der Butter in einer Küchenmaschine oder mit dem Handrührgerät mit Rührbesen auf höchster Stufe in etwa 1/2 Minute geschmeidig rühren. Nach und nach Zucker, Vanillin-Zucker und Salz unterrühren. So lange rühren, bis eine gebundene Masse entstanden ist. Dann die Eier unterrühren (jedes Ei etwa 1/2 Minute). Den Weinbrand hinzufügen. Das Weizenmehl mit dem Backpulver mischen, sieben und eßlöffelweise auf mittlerer Stufe unterrühren. Die Kuvertüre vorsichtig auf mittlerer Stufe unter den Teig rühren. Den Teig in eine gefettete, mit Pergamentpapier ausgelegte Kastenform (11x30 cm) füllen. Die Form auf dem Rost in den vorgeheizten Backofen schieben.
Strom: etwa 175 Grad
Gas: 2–3, Backzeit: 65–70 Minuten.
Zum Aprikotieren die Aprikosen-Konfitüre durch ein Sieb streichen und mit dem Wasser verrühren. Unter Rühren aufkochen lassen. Den etwas abgekühlten Kuchen damit bestreichen. Mit den Haselnußblättchen bestreuen.

BUNTER OBSTKUCHEN

Für den Teig:
250 g Weizenmehl
1 Msp. Backpulver
100 g Zucker
Salz, 2 Eigelb
150 g Butter oder Margarine
abgeriebene Schale von 1 unbehandelten Zitrone
Fett für die Form
1 EL Aprikosenkonfitüre
Für die Creme:
200 g Magerquark
150 g Mascarpone (ersatzweise Sahnequark)
50 g Zucker
1 Päckchen Vanillin-Zucker
abgeriebene Schale von 1 unbehandelten Zitrone
3 Blatt weiße Gelatine
Für den Belag:
500 g Pfirsiche
250 g Erdbeeren
2 Kiwis
125 g blaue Trauben
125 g Blaubeeren
1 Päckchen heller Tortenguß
2 EL Zucker
125 ml (1/8 l) Weißwein
125 ml (1/8 l) Wasser

Die Teigzutaten mit den Knethaken des Handrührgerätes verkneten. Im Kühlschrank ca. 30 Minuten ruhen lassen. Eine Tortenbodenform (18x25 cm) ausfetten und den Teig hineindrücken, dabei einen kleinen Rand hochziehen. Mit einer Gabel mehrmals einstechen. Die Form auf dem Rost in den vorgeheizten Ofen schieben.
Strom: 200 Grad
Gas: 3, Backzeit:
20–25 Minuten.
Den Tortenboden auskühlen lassen und aus der Form lösen. Die Aprikosenkonfitüre aufkochen. Den Boden damit bepinseln.
Für die Creme den Quark mit Mascarpone, Zucker, Vanillin-Zucker und Zitronenschale verrühren. Die Gelatine 10 Minuten in kaltem Wasser einweichen und ausdrükken. Bei milder Hitze auflösen. In die Creme rühren und auf den Tortenboden streichen, im Kühlschrank fest werden lassen.
Die Pfirsiche mit kochendem Wasser überbrühen, häuten, entsteinen und in Spalten schneiden. Die Erdbeeren putzen, waschen und evtl. halbieren. Die Kiwis schälen und in Scheiben schneiden. Die Trauben waschen, halbieren und entkernen. Die Blaubeeren verlesen, waschen und abtropfen lassen. Die vorbereiteten Früchte auf der Creme verteilen. Tortengußpulver mit Zucker vermischen, Wein und Wasser angießen und alles einmal aufkochen. Etwas abkühlen lassen, über die Früchte verteilen und fest werden lassen.

VALENTINSGEBÄCK

Für den Teig:
250 g gesiebtes Weizenmehl
125 g feiner Kristallzucker
90 g geschmolzene Butter
4 Eigelb
1 Eiweiß

Für die Füllung:
8 Äpfel
80 g Butter
150 g Zucker
100 g Rosinen
1/2 TL gemahlener Zimt
Saft von einer Zitrone

Zum Bestreichen:
1 Eigelb

Zum Aprikotieren:
100 g Aprikosengelee

Die Zutaten für den Teig rasch verkneten und den Teig 2 Stunden im Kühlschrank ruhen lassen. Für die Füllung die Äpfel schälen und in 1 cm große Stücke schneiden. Die Butter mit dem Zucker in einer Pfanne hell karamelisieren, die Äpfel dazugeben, ebenfalls die Rosinen, den Zimt und den Zitronensaft beigeben. Die Äpfel halbgar dünsten. Den Teig 3 mm dick ausrollen und damit eine Herzform auslegen. Bei 200 Grad (Gas: 3–4) im vorgeheizten Ofen etwa 15 Minuten backen. Noch heiß mit dem Apfelragout füllen. Die Oberfläche mit einer ganzen Teigplatte oder einem Teiggitter schließen. Mit einem Eigelb bestreichen und bei 170 Grad (Gas: etwa 3) im vorgeheizten Backofen in etwa 25 Minuten fertigbacken. Gut auskühlen lassen und aus der Form stürzen. Mit heißem Aprikosengelee aprikotieren.

PFLAUMENKUCHEN

Für den Teig:
300 g Weizenmehl
100 g Zucker, 1 Ei
200 g weiche Butter
Für die Füllung:
1 kg Pflaumen
3 EL Wasser
4 EL Zwetschenwasser
100 g Zucker
3 EL Speisestärke
1 Msp. gemahlener Zimt
7 Blatt weiße Gelatine
3 EL gemahlene Mandeln
125 ml (1/8 l) Schlagsahne, 1 TL Sahnesteif

Für den Teig das Weizenmehl in eine Rührschüssel sieben und Zucker, Ei und Butter hinzufügen. Die Zutaten mit einem Handrührgerät mit Knethaken zunächst kurz auf niedrigster, dann auf höchster Stufe gut durcharbeiten, anschließend auf der Tischplatte zu einem glatten Teig verkneten, 2–3 Stunden kalt stellen. Den Teig dünn ausrollen, eine gefettete Springform (Durchmesser etwa 26 cm) damit auslegen. Den Teigboden mehrmals mit einer Gabel einstechen, getrocknete Erbsen darauf geben. Die Form auf dem Rost in den vorgeheizten Backofen schieben.
Strom: 175–200 Grad
Gas: 2–3
Backzeit:
etwa 20 Minuten.

Nach dem Backen die Erbsen entfernen.
Die Pflaumen waschen, entstielen, halbieren, entsteinen und mit dem Wasser, 3 Eßlöffeln Zwetschenwasser und dem Zucker etwa 4 Minuten kochen lassen. Die Speisestärke mit dem restlichen Zwetschenwasser anrühren, in die Pflaumenflüssigkeit rühren, kurz aufkochen lassen. Den Zimt unterrühren. Die Gelatine etwa 10 Minuten in kaltem Wasser einweichen, unter Rühren in der

KIRSCHKUCHEN, SEHR FEIN

heißen Flüssigkeit auflösen. Die gemahlenen Mandeln unterheben. Die Pflaumenmasse auf den gebackenen Boden geben, im Kühlschrank auskühlen, fest werden lassen. Zum Garnieren die Schlagsahne 1/2 Minute schlagen, Sahnesteif einstreuen, die Sahne steif schlagen, in einen Spritzbeutel füllen. Die Torte mit der Schlagsahne verzieren.

Für den Rührteig:
125 g weiche Butter
125 g Zucker
1 Päckchen Vanillin-Zucker
1 Prise Salz
4 Tropfen Backöl Zitrone
3 Eier
200 g Weizenmehl
2 gestr. TL Backpulver
1–2 EL Milch

Für den Belag:
750 g Sauerkirschen
50 g Mandeln, gehobelt

Für den Rührteig die Butter geschmeidig rühren. Zucker, Vanillin-Zucker, Salz und Backöl unterrühren. Nach und nach die Eier unterrühren. Das Weizenmehl mit Backpulver mischen, sieben und abwechselnd eßlöffelweise mit der Milch auf mittlerer Stufe unterrühren (nur so viel Milch verwenden, daß der Teig schwerreißend von den Rührbesen fällt). Den Teig in eine Springform (Durchmesser 28 cm, Boden gefettet) füllen und glattstreichen. Für den Belag die Sauerkirschen waschen, entsteinen, gut abtropfen lassen und auf dem Teig verteilen. Mit den Mandeln bestreuen. Die Form auf dem Rost in den vorgeheizten Backofen schieben.
Strom: 175–200 Grad
Gas: 3–4
Backzeit:
40–50 Minuten.

ERDBEER-RHABARBER-PIE

Für den Teig:
200 g Weizenmehl
1 gestrichener TL Backpulver
25 g Kakaopulver
50 g gemahlene Mandeln
100 g Zucker
1 Päckchen Vanillin-Zucker
125 g Butter oder Margarine
1 Ei
3 EL Semmelmehl

Für den Belag:
500 g Rhabarber
180 g Zucker
2 Eier, 50 g Zucker
1 Päckchen Vanillin-Zucker
Saft von 1 Zitrone
500 g Magerquark
3 EL Speisestärke
250 ml (1/4 l) Schlagsahne
500 g Erdbeeren

Für den Tortenguß:
1 Päckchen roter Tortenguß
250 ml (1/4 l) Rhabarbersaft
25 g gehackte Pistazienkerne

Das Mehl mit Backpulver, Kakao, Mandeln, Zucker, Vanillin-Zucker, Fett und Ei zu einem glatten Teig verkneten. Den Teig etwa 30 Minuten im Kühlschrank ruhen lassen. In eine rechteckige, gefettete Pie-Form (25x30 cm) drücken, dabei einen Rand hochziehen. Im Backofen (Strom: 200 Grad; Gas: 3) 10 Minuten vorbacken. Mit Semmelmehl bestreuen. Den Rhabarber putzen, waschen und in kleine Stücke schneiden, mit Zucker bestreuen und auf dem Boden verteilen. Das Eigelb mit Zucker, Vanillin-Zucker, Zitronensaft, Quark und Speisestärke verrühren. Die Sahne und das Eiweiß getrennt steif schlagen und unterheben. Die Masse auf dem Rhabarber verteilen. Weitere 30–40 Minuten backen. Abkühlen lassen. Die Erdbeeren putzen, waschen, halbieren und auf dem Kuchen verteilen. Den Tortenguß nach der Packungsanleitung mit Rhabarbersaft zubereiten. Darübergeben und mit Pistazien bestreuen.

SCHICHTKUCHEN, GEGRILLT

(ohne Foto)

Für den Teig:
250 g weiche Butter
250 g Zucker
1 Päckchen Vanillin-Zucker
2 Eier
4 Eigelb
3–4 EL Rum
150 g Weizenmehl
100 g Speisestärke
3 gestrichene TL Backpulver
4 Eiweiß

Für den Guß:
100 g Schokolade
25 g Kokosfett

Für den Teig die Butter mit einem Handrührgerät mit Rührbesen auf höchster Stufe in etwa 1/2 Minute geschmeidig rühren. Nach und nach Zucker, Vanillin-Zucker, Eier, Eigelb und Rum hinzugeben. Das Weizenmehl mit der Speisestärke und dem Backpulver mischen, sieben und eßlöffelweise auf niedrigster Stufe unterrühren. Das Eiweiß steif schlagen, zuletzt unter den Teig heben. Den gefetteten Boden einer Kastenform (35x11 cm) mit Papier auslegen. 1 gut gehäuften Eßlöffel Teig gleichmäßig mit einem Pinsel darauf streichen. Die Form auf dem Rost in den Backofen schieben (Abstand zwischen Grill und Teigschicht etwa 20 cm). Die Teigschicht unter dem vorgeheizten Grill hellbraun backen.
Grillzeit:
Strom: etwa 2 Minuten
Gas: etwa 2 Minuten.

Als zweite Schicht wieder 1–2 Eßlöffel Teig auf die gebackene Schicht streichen. Die Form wieder unter den Grill schieben. Auf diese Weise den ganzen Teig verarbeiten (die Einschubhöhe nach Möglichkeit so verändern, daß der Abstand von etwa 20 cm zwischen Grill und Teigschicht bestehen bleibt). Den fertigen Kuchen mit einem Messer vorsichtig vom Rand der Form lösen und auf ein Backblech stürzen. Das Papier abziehen und sofort noch etwa 5 Minuten in den heißen Backofen schieben.

Für den Guß die Schokolade in kleine Stücke brechen. Mit Kokosfett in einem kleinen Topf im Wasserbad bei schwacher Hitze zu einer geschmeidigen Masse verrühren. Den erkalteten Kuchen damit überziehen.

ORANGENTARTE

1 Packung Obstkuchenteig (250 g)
100 g weiche Butter oder Margarine
Fett für die Form

Für den Belag:
2 unbehandelte Orangen
250 g Sahnequark (40 % Fett)
3 EL Grieß
1/2 TL gemahlene Muskatblüte
1 Päckchen Vanillin-Zucker
4 EL Zucker
2 Eier
1 EL Puderzucker

Den Teig nach Packungsanleitung mit Fett zubereiten. Eine gefettete Pie- oder Springform (28 cm Durchmesser) mit dem Teig auslegen, einen kleinen Rand formen. Den Boden mehrmals einstechen. Im Backofen (Strom: 200 Grad; Gas: 3) 15 Minuten vorbacken. Für den Belag die Orangen dick schälen (Foto 1). Eine Orange filieren (Foto 2), die andere in hauchdünne Scheiben schneiden. Quark, Grieß, Muskatblüte, Vanillin-Zucker, Zucker und Orangenfilets verrühren. Die Eier trennen, das Eiweiß steif schlagen. Eigelb unterrühren, den Eischnee unterheben. Die Masse auf den vorgebackenen Boden streichen. Im Backofen (Strom: 200 Grad; Gas: 3) noch weitere 40 Minuten backen. Die Orangenscheiben nach 30 Minuten auf der Quarkmasse verteilen. Die Tarte abkühlen lassen und mit Puderzucker bestäuben.

Orangen filieren: Zuerst oben und unten eine dikkere Scheibe abschneiden. Dann die Frucht auf die Arbeitsfläche stellen und die Schale so dick abschälen, daß auch die weiße Haut mit entfernt ist (Foto 1). Zum Schluß die Fruchtfilets zwischen den weißen Häuten herauslösen (Foto 2).

MARZIPAN-ROSENKUCHEN

(ohne Foto)

Für die Füllung:
200 g abgezogene, gemahlene Mandeln
150 g gesiebter Puderzucker
3 Tropfen Backöl Bittermandel
1 Eiweiß
4–5 EL Wasser

Für den Teig:
200 g Speisequark
6 EL Milch
1 Ei
8 EL (125 ml) Speiseöl
100 g Zucker
1 Päckchen Vanillin-Zucker
Salz
400 g Weizenmehl
1 Päckchen und 6 g (2 gestr. TL) Backpulver
100 g Rosinen
50 g Korinthen
1 Eigelb
1 EL Milch

Für die Füllung die Mandeln mit Puderzucker, Backöl, Eiweiß und Wasser unter ständigem Rühren so lange erwärmen, bis eine gleichmäßige Masse entstanden ist. Etwas abkühlen lassen.
Für den Teig den Speisequark, Milch, das Ei, Speiseöl, Zucker, Vanillin-Zucker und Salz mit einem Handrührgerät mit Knethaken zuerst auf niedrigster, dann auf höchster Stufe verrühren. Das Weizenmehl mit dem Backpulver mischen und sieben. Die Hälfte davon auf mittlerer Stufe unterrühren. Den Rest des Mehls unterkneten. Den Teig zu einem Rechteck von etwa 50x40 cm ausrollen. Die Füllung auf dem Teig verteilen.
Die Rosinen und Korinthen verlesen und über die Mandelmasse streuen. Den Teig von der längeren Seite her aufrollen. Die Rolle in 16 Stücke schneiden, diese in eine gefettete Springform (Durchmesser etwa 28 cm) legen. Das Eigelb mit der Milch verschlagen und den Teig damit bestreichen. Die Form auf dem Rost in den vorgeheizten Backofen schieben.
Strom: 175–200 Grad
Gas: 3–4
Backzeit:
50–65 Minuten.

BIRNENKUCHEN

Für den Teig:
250 g Weizenmehl
etwa 3 EL kaltes Wasser
1–2 EL Zucker
Salz
75 g Margarine
75 g Schweineschmalz

Für die Füllung:
1 kg Birnen
4 EL Zitronensaft
50 g brauner Rohrzucker
1 Msp. gemahlener Zimt
1 Msp. gemahlene Nelken
50 g gemahlene Haselnußkerne
30 g in Scheiben geschnittene Haselnußkerne
1 EL Semmelmehl
Kondensmilch
etwa 30 g zerlassene Butter
1–2 EL brauner Rohrzucker

Für den Teig das Weizenmehl in eine Rührschüssel sieben. Wasser, Zukker, Salz, Margarine und Schweineschmalz hinzufügen. Alle Zutaten mit einem Handrührgerät mit Knethaken zunächst kurz auf niedrigster, dann auf höchster Stufe gut durcharbeiten. Anschließend auf der Tischplatte zu einem glatten Teig verkneten. Sollte er kleben, ihn etwa 1 Stunde kalt stellen.

Für die Füllung die Birnen schälen, vierteln, entkernen und in Stücke schneiden. Mit Zitronensaft beträufeln. Den Rohrzucker mit dem Zimt und den Nelken vermengen, mit den Haselnußkernen zu den Birnen geben. Alles vorsichtig vermengen. Die Hälfte des Teiges ausrollen. Den Boden und den Rand einer Springform (Durchmesser etwa 28 cm) damit auslegen (Rand etwa 3 cm hoch). Mit Semmelmehl bestreuen. Die Birnenmasse darauf verteilen. Den Teigrand in der Springform mit der Kondensmilch bestreichen. Den restlichen Teig etwas größer als den Springformboden ausrollen. Die Teigdecke auf die Birnen legen, festdrücken und den überstehenden Teig abschneiden. Aus den Teigresten Figuren ausschneiden. Die untere Seite mit Kondensmilch bestreichen und auf die Teigdecke kleben. Die Teigdecke mit zerlassener Butter bestreichen. Mit Rohrzucker bestreuen. Die Form auf dem Rost in den vorgeheizten Backofen schieben.
Strom: 200–225 Grad
Gas: 4–5
Backzeit:
etwa 45 Minuten.
Beigabe: Geschlagene Sahne.

SAVARIN

(ohne Foto)

Für den Teig:
350 g Weizenmehl
20 g frische Hefe
75 ml Milch
140 g Butter oder Margarine
45 g Zucker
4 Eier
1/2 TL Salz
1/2 TL abgeriebene Zitronenschale (unbehandelt)
Für den Sirup:
250 ml (1/4 l) Wasser
150 g Zucker
150 ml Mandellikör
3 EL Aprikosenmarmelade
Für die Füllung:
200 ml (1/5 l) Schlagsahne
250 g Erdbeeren
Außerdem:
Butter oder Margarine und etwas Weizenmehl für die Form

Für den Teig das Mehl in eine Schüssel sieben und eine Vertiefung in die Mitte drücken. Die Hefe in die Mulde bröckeln. Die Milch hinzugießen und mit etwas Mehl vom Muldenrand einen Vorteig rühren. Die Schüssel mit einem Tuch bedekken und den Teig an einem warmen Ort etwa 15 Minuten gehen lassen. Das Fett zerlassen, mit dem Zucker, den Eiern, Salz und Zitronenschale zum Vorteig geben und zu einem glatten Teig verkneten. Eine Savarinform (Durchmesser etwa 16 cm) ausfetten und mit Mehl ausstreuen. Die Hälfte des Teiges hineinfüllen und die Form auf dem Rost in den vorgeheizten Backofen schieben.
Strom: etwa 200 Grad
Gas: 3–4
Backzeit:
25–30 Minuten.
Den gebackenen Savarin aus der Form lösen. Die zweite Teighälfte ebenso backen.
Für den Sirup das Wasser mit Zucker unter Rühren aufkochen und abkühlen lassen, den Mandellikör zugeben. Die Savarins auf einen Kuchenrost legen und den Sirup darauf verstreichen. Diesen Vorgang wiederholen, bis die Savarins durchtränkt sind und der Sirup aufgebraucht ist. Anschließend die Aprikosenmarmelade erhitzen, glattrühren und die Savarins damit bestreichen.
Für die Füllung die Sahne steif schlagen. Die Erdbeeren verlesen, waschen, entstielen und je nach Größe halbieren. Einen Teil der Sahne in die Savarins füllen, mit dem Rest diese verzieren. Die Erdbeeren auf die Sahne setzen, servieren.
Tip:
Wer nicht beide Savarins möchte, kann einen gebackenen Savarin einfrieren.

KUCHEN AUF DEM BLECH

Die bekanntesten Blechkuchen sind ohne Frage Butter-, Zwetschen- und Apfelkuchen. Dabei gibt es noch so viele Varianten, z. B. mit Streuseln, Sahneguß und natürlich Obst wie Kirschen, Aprikosen, Erdbeeren, Stachelbeeren und mehr. Kein Wunder, daß große und kleine Genießer diesen verführerisch duftenden Kuchen nicht widerstehen können.

APFELKUCHEN MIT PUDDING

Für den Teig:
150 g Speisequark
6 EL Milch
6 EL Speiseöl
75 g Zucker
1 Päckchen Vanillin-Zucker
Salz
300 g Weizenmehl
1 Päckchen Backpulver

Für den Belag:
1 Päckchen Pudding-Pulver Vanille-Geschmack
20 g Speisestärke
75 g Zucker
375 ml (3/8 l) kalte Milch
125 ml (1/8 l) Sahne
1 Eigelb
1 Eiweiß
1 1/4 kg Äpfel

Zum Aprikotieren:
2 EL Aprikosenkonfitüre
1 EL Wasser
1–2 EL Aprikot Brandy

Den Speisequark mit Milch, Speiseöl, Zucker, Vanillin-Zucker und Salz verrühren. Das Weizenmehl mit Backpulver mischen, sieben, die Hälfte davon unterrühren und den Rest des Mehls unterkneten. Den Teig auf einem gefetteten Backblech ausrollen.
Für den Belag das Pudding-Pulver, Speisestärke und Zucker mit 6 Eßlöffeln von der kalten Milch anrühren. Die übrige Milch zum Kochen bringen, von der Kochstelle nehmen, das Pudding-Pulver unter Rühren hineingeben, kurz aufkochen lassen. Den Pudding während des Erkaltens ab und zu umrühren. Die Sahne und das Eigelb unter den etwas abgekühlten Pudding rühren. Das Eiweiß steif schlagen – es muß so fest sein, daß ein Messerschnitt sichtbar bleibt – und unter den Pudding heben. Die Masse gleichmäßig auf dem Teig verteilen. Die Äpfel schälen, vierteln, entkernen, in Spalten schneiden, schuppenförmig auf den Pudding legen. Vor den Teig ein mehrfach umgeknicktes Stück Alufolie legen und in den vorgeheizten Backofen schieben.
Strom: 175–200
Gas: 3–4
Backzeit:
etwa 35 Minuten.
Zum Aprikotieren die Aprikosenkonfitüre durch ein Sieb streichen, mit Wasser und Aprikot Brandy verrühren, kurz aufkochen lassen, sofort nach dem Backen den Kuchen damit bestreichen.

APFELKUCHEN

(ohne Foto)

Für den Teig:
500 g Weizenmehl
1 Päckchen Trocken-Backhefe
75 g Zucker
1 Päckchen Vanillin-Zucker
Salz
250 ml ($1/4$ l) lauwarme Milch
100 g zerlassene, abgekühlte Butter oder Margarine

Für den Belag:
$1^1/_2$ kg Äpfel
20 g abgezogene, gestiftelte Mandeln
20 g verlesene Rosinen

Zum Aprikotieren:
gut 3 EL Aprikosen-Konfitüre
1 EL Wasser

Für den Teig das Weizenmehl in eine Rührschüssel sieben und mit der Trokken-Backhefe sorgfältig vermischen. Zucker, Vanillin-Zucker, Salz, Milch, Butter oder Margarine hinzufügen. Die Zutaten mit einem Handrührgerät mit Knethaken zunächst auf niedrigster, dann auf höchster Stufe in etwa 5 Minuten zu einem Teig verarbeiten. Sollte er kleben, noch etwas Mehl hinzufügen (aber nicht zu viel, Teig muß weich bleiben). Den Teig so lange an einem warmen Ort stehenlassen, bis er sich sichtbar vergrößert hat. Ihn dann auf der Tischplatte nochmals gut durchkneten und auf einem gefetteten Blech ausrollen. Vor den Teig einen mehrfach umgeknickten Streifen Alufolie legen.

Für den Belag die Äpfel schälen, vierteln, entkernen, in dicke Scheiben schneiden und gleichmäßig auf den Teig legen. Mit den Mandeln und den Rosinen bestreuen. Den Teig nochmals so lange an einem warmen Ort gehen lassen, bis er sich sichtbar vergrößert hat. In den vorgeheizten Backofen schieben.

Strom: 200–225 Grad
Gas: 4–5
Backzeit:
20–30 Minuten.

Zum Aprikotieren die Aprikosen-Konfitüre mit Wasser unter Rühren aufkochen lassen und den Apfelkuchen sofort nach dem Backen damit bestreichen.

STACHELBEER-BAISER-KUCHEN

Für den Teig:
400 g Weizenmehl
1/2 Päckchen Backpulver
1 Prise Salz
3 Eier
Saft und Schale von 1/2 unbehandelten Zitrone
200 g Butter oder Margarine
150 g Zucker
1 Päckchen Vanillin-Zucker
etwa 125 ml (1/8 l) Milch
Fett für das Blech

Für den Belag:
500 g grüne Stachelbeeren
500 g rote Stachelbeeren

Für die Baisermasse:
3 Eiweiß
225 g feiner Zucker
2 EL Rum
3 EL Mandelblättchen

Die Teigzutaten in eine Schüssel geben und mit den Rührbesen des Handrührgerätes zu einem glatten Teig verrühren. Auf ein gefettetes Backblech streichen. Die Stachelbeeren putzen, waschen, abtropfen lassen und auf dem Teig verteilen. Den Kuchen im Backofen (200 Grad; Gas: 3) 30–35 Minuten backen. In der Zwischenzeit das Eiweiß steif schlagen. Den Zucker langsam einrieseln lassen und den Rum unter die feste Masse rühren. Die Baisermasse nach 35 Minuten auf den Stachelbeerkuchen streichen, mit Mandelblättchen bestreuen und im Backofen (180 Grad; Gas: 2) weitere 10–15 Minuten backen.

BLECHKUCHEN MIT BEERENVARIATIONEN

Tip:
Wenn Sie keine roten Stachelbeeren bekommen, nehmen Sie dafür Erdbeeren. Oder: Sie verwenden nur grüne Stachelbeeren. Dann brauchen Sie davon ein Kilogramm.

Für den Teig:
190 g Butterschmalz
180 g Weizenmehl
140 g Zucker, 2 Eier
1 TL Backpulver
Für den Belag:
500 g Himbeeren
500 g Brombeeren
250 g Erdbeeren
60 g Zucker
2 Päckchen roter Tortenguß
100 g gehobelte Haselnußkerne
10 g Butterschmalz

Für den Teig 180 g Butterschmalz, Mehl, Zukker, Eier und Backpulver mit dem elektrischen Handrührgerät 5 Minuten rühren. Mit dem restlichen Butterschmalz das Backblech ausfetten. Den Teig mit einem Gummischaber gleichmäßig auf das Blech streichen, bei 180 Grad (Gas: etwa 3) 20 Minuten goldbraun backen und erkalten lassen. Die Beeren säubern und waschen. Die Beeren abwechselnd in Längsstreifen auf den Kuchenboden legen. Mit 1 Eßlöffel Zucker bestreuen.

Den Tortenguß laut Packungsanweisung mit dem restlichen Zucker zubereiten und auf die Beeren gießen. Die Haselnußkerne 3 Minuten in dem Butterschmalz anbräunen und über den Kuchen streuen.

BIENENSTICH

Für den Teig:
500 g Weizenmehl
1 Päckchen Trocken-Backhefe, 75 g Zucker
1 Päckchen Vanillin-Zucker, Salz, 2 Eier
125 ml (1/8 l) lauwarme Milch
100 g zerlassene, abgekühlte Butter
Für den Belag:
100 g Butter
150 g Zucker
1 Päckchen Vanillin-Zucker, 2–3 EL Milch
200 g abgezogene, gehobelte Mandeln
Für die Füllung:
2 Päckchen Pudding-Pulver Vanille-Geschmack, 75 g Zucker
750 ml (3/4 l) Milch
250 ml (1/4 l) Schlagsahne
1 Päckchen Sahnesteif

Das Weizenmehl in eine Rührschüssel sieben. Mit der Trocken-Backhefe sorgfältig vermischen. Den Zucker, Vanillin-Zucker, Salz, Eier, Milch und Butter hinzufügen. Die Zutaten mit einem Handrührgerät mit Knethaken zunächst auf niedrigster, dann auf höchster Stufe in etwa 5 Minuten zu einem Teig verarbeiten. Sollte er kleben, noch etwas Mehl hinzufügen (aber nicht zu viel, der Teig muß weich bleiben). Den Teig abgedeckt so lange an einem warmen Ort stehenlassen, bis er sich sichtbar vergrößert hat. Den Teig auf der Tischplatte nochmals kurz durchkneten, auf einem gefetteten Backblech ausrollen. Mehrmals mit einer Gabel einstechen. Vor den Teig einen mehrfach umgeknickten Streifen Alufolie legen.
Für den Belag die Butter mit Zucker, Vanillin-Zucker und Milch unter Rühren zerlassen, die Mandeln unterrühren. Zum Kochen bringen, von der Kochstelle nehmen, die Masse etwas abkühlen lassen, gleichmäßig auf dem Teig verteilen. Den Teig nochmals so lange an einem warmen Ort gehen lassen, bis er sich sichtbar vergrößert hat. Das Backblech in den Backofen schieben.
Strom: 200–225 Grad
Gas: 3–4
Backzeit:
etwa 15 Minuten.
Für die Füllung aus dem Pudding-Pulver, Zucker und Milch nach Vorschrift auf dem Päckchen (aber nur mit 3/4 l Milch) einen Pudding zubereiten. Kalt stellen, ab und zu durchrühren. Die Schlagsahne 1/2 Minute schlagen, Sahnesteif einstreuen, die Sahne steif schlagen, vorsichtig unter den erkalteten Pudding rühren. Das erkaltete Gebäck vierteln, jedes Stück waagerecht durchschneiden und mit der Creme füllen.

Tip:
Anstelle der Schlagsahne 100 g Butter unter den noch heißen Pudding rühren, kalt stellen, ab und zu durchrühren.

SAHNE-MANDEL-KUCHEN

(ohne Foto)
Für den Teig:
250 ml (1/4 l) Schlagsahne, 175 g Zucker
1 Päckchen Vanillin-Zucker, 3 Eier
abgeriebene Schale von 1/2 Zitrone (unbehandelt)
300 g Weizenmehl
1 Päckchen Backpulver
Für den Belag:
125 g Butter
125 g Zucker
1 Päckchen Vanillin-Zucker, 3 EL Milch
100 g abgezogene, gehobelte Mandeln

Für den Teig die Schlagsahne in eine Rührschüssel geben. Nach und nach Zucker und Vanillin-Zucker mit dem Handrührgerät mit Rührbesen unterrühren. Die Eier nach und nach unterrühren (jedes Ei etwa 1/2 Minute). Die Zitronenschale unterrühren. Das Mehl mit dem Backpulver mischen, sieben und eßlöffelweise auf mittlerer Stufe unterrühren. Den Teig in die gut gefettete Fettfangschale des Backofens geben und glatt streichen. In den vorgeheizten Backofen schieben.
Strom: etwa 200 Grad
Gas: 3–4
Backzeit:
etwa 10 Minuten.
Für den Belag die Butter mit dem Zucker, dem Vanillin-Zucker und der Milch in einem Topf unter Rühren langsam erwärmen, zerlassen und von der Kochstelle nehmen. Die Mandeln unterrühren. Den Belag auf den vorgebackenen Kuchen streichen, bei gleicher Temperatur weitere 12 Minuten backen.

STREUSEL-ECKEN

Für den Teig:
250 g Weizenmehl
2 Päckchen Vanillin-Zucker, Salz
175 g kalte Butter
1 Becher (150 g) Crème fraîche
Für die Streusel:
300 g Weizenmehl
75–100 g gesiebter Puderzucker
1 Päckchen Vanillin-Zucker
175 g kalte Butter
50 g gemahlene Mandeln
40 g gehobelte Mandeln
gesiebter Puderzucker

Für den Teig das Weizenmehl auf die Tischplatte sieben. In die Mitte eine Vertiefung eindrücken. Vanillin-Zucker und Salz hineingeben. Die Butter in Stücke schneiden, darauf geben. Von der Crème fraîche 1 Eßlöffel zurücklassen, die restliche Crème fraîche auf die Butterstücke geben. Mit Mehl bedecken und von der Mitte aus alle Zutaten schnell zu einem glatten Teig verkneten. Den Teig eine Zeitlang kalt stellen, dann auf einem gefetteten Backblech ausrollen. Mit der zurückgelassenen Crème fraîche bestreichen. Mehrmals mit einer Gabel einstechen.
Für die Streusel das Weizenmehl in eine Schüssel sieben, mit Puderzucker und Vanillin-Zucker mischen, Butter in Flöckchen und die Mandeln dazugeben. Alle Zutaten zu Streuseln vermengen. Auf den Teigboden streuen, nach Belieben abgezogene, gehobelte Mandeln darüber streuen. Das Backblech in den vorgeheizten Backofen schieben.
Strom: 200–225 Grad
Gas: 4–5
Backzeit:
etwa 25 Minuten.
Sofort nach dem Backen in Dreiecke schneiden, die Streusel-Ecken mit gesiebtem Puderzucker bestäuben.

HASELNUSS-SCHNITTEN

(ohne Foto)
Für den Teig:
2 Eier, 75 g Zucker
2 EL heißes Wasser
1 Päckchen Vanillin-Zucker
50 g Weizenmehl
25 g Speisestärke
1 gestrichener TL Backpulver
100 g gemahlene Haselnußkerne
Für die Füllung:
250 ml (1/4 l) Schlagsahne
15 g Zucker
1 Päckchen Vanillin-Zucker
1 Päckchen Sahnesteif
1–2 EL Rum
etwa 1 EL Aprikosenkonfitüre
Haselnußkerne
kandierte Kirschen

Für den Teig die Eier und das Wasser mit einem Handrührgerät mit Rührbesen auf höchster Stufe in einer Minute schaumig schlagen. Zucker und Vanillin-Zucker mischen, in einer Minute einstreuen, dann noch etwa 2 Minuten schlagen.
Mehl, Speisestärke und Backpulver mischen, auf die Eiercreme sieben. Die Haselnüsse auf das Mehl geben. Alles kurz auf niedrigster Stufe unterrühren. Den Teig als Rechteck (etwa 32x22 cm) auf ein gefettetes, mit Pergamentpapier belegtes Backblech streichen, das Papier an der offenen Seite des Bleches unmittelbar vor dem Teig zur Falte knicken, so daß ein Rand entsteht, sofort backen.
Strom: 200–225 Grad (vorgeheizt)
Gas: 3–4 (vorgeheizt)
Backzeit: 10–12 Minuten.
Den Biskuit nach dem Backen sofort auf ein mit Zucker bestreutes Papier stürzen. Das Backpapier mit kaltem Wasser bestreichen, vorsichtig, aber schnell abziehen. Den Biskuit gut auskühlen lassen.
Für die Füllung die Schlagsahne 1/2 Minute schlagen. Zucker mit Vanillin-Zucker und Sahnesteif mischen, einstreuen und die Sahne steif schlagen. Den Rum unterrühren. Etwa 2 Eßlöffel von der Sahne in einen Spritzbeutel füllen.
Den Biskuit in 2 Stücke (11x32 cm) schneiden. Die eine Hälfte dünn mit Aprikosenkonfitüre bestreichen. Darauf 2/3 der Sahne streichen, die andere Hälfte darauf legen. Die Oberfläche und den Rand des Gebäcks mit dem Rest der Sahne bestreichen. In 8 Stücke teilen, jedes Teil mit der Sahne aus dem Spritzbeutel verzieren. Mit Haselnußkernen und kandierten Kirschen garnieren. Das Gebäck kalt stellen.

FRUCHTSTERNE

Für den Mürbeteig:
300 g Weizenmehl
1½ TL Backpulver
150 g Zucker
1 Ei
1 Päckchen Vanillin-Zucker
1 Prise Salz
200 g Margarine oder Butter

Für den Frischkäsebelag:
350 g zimmerwarme Butter
300 g Zucker
6 Eier
600 g Frischkäse
500 g Magerquark
100 g Weizenmehl
1 Päckchen Vanille-Puddingpulver
Saft von 1 Zitrone
1 TL Zitronenschale (unbehandelt)

Für den Obstbelag:
1 Dose Aprikosen (820 g)
200 g weiße Weintrauben
200 g blaue Weintrauben
200 g Erdbeeren
200 g Himbeeren
2 Päckchen Tortenguß

Für den Mürbeteig das Mehl mit dem Backpulver mischen. Alle übrigen Zutaten auf das Mehl geben und schnell zu einem glatten Teig verkneten. 20 Minuten kalt stellen.

Für den Frischkäsebelag die Butter mit dem Zukker schaumig rühren. Die Eier hinzufügen. Alle übrigen Zutaten nacheinander dazugeben und zu einem glatten Teig verrühren. Eine Fettpfanne (30x42 cm) mit Backtrennpapier auslegen. Den Mürbeteig ausrollen und auf das Blech legen. Den Frischkäsebelag darübergeben und glatt streichen. Den Kuchen auf mittlerer Schiene im vorgeheizten Backofen (170 Grad; Gas: 2–3) etwa 45–50 Minuten goldgelb backen. Auskühlen lassen.
Für den Obstbelag das vorbereitete Obst auf dem ausgekühlten Kuchen verteilen. Den Tortenguß nach Packungsvorschrift zubereiten und über das Obst geben. Den Tortenguß fest werden lassen. Den Kuchen zuerst diagonal, dann längs in schmale Streifen schneiden, so daß etwa 24 Rauten entstehen. Je nach Tellergröße mehrere Rauten zu einem Stern oder mehreren Sternen anrichten.

Tip:
Je nach Geschmack und Jahreszeit können die Fruchtsterne mit unterschiedlichem Obst belegt werden (z.B. Sauerkirschen, Mangos, Brombeeren, Heidelbeeren, Bananen).

PFIRSICHSCHNITTEN

(ohne Foto)

Für den Teig:
150 g weiche Butter oder Margarine
150 g Zucker
1 Päckchen Vanillin-Zucker
4 Eier
Salz
5 Tropfen Backöl Zitrone
250 g Weizenmehl
3 gestrichene TL Backpulver

Für den Belag:
900 g Pfirsiche (aus der Dose)
150 g Weizenmehl
75 g Zucker
1 Päckchen Vanillin-Zucker
100 g Butter

Für den Guß:
100 g Puderzucker
2 EL Zitronensaft

Für den Teig Butter oder Margarine mit einem elektrischen Handrührgerät mit Rührbesen auf höchster Stufe in etwa 1/2 Minute geschmeidig rühren. Nach und nach Zucker und Vanillin-Zucker unterrühren. So lange rühren, bis eine gebundene Masse entstanden ist. Nach und nach die Eier unterrühren (jedes Ei etwa 1/2 Minute). Das Salz und Backöl unterrühren. Das Weizenmehl mit Backpulver mischen, sieben und eßlöffelweise auf mittlerer Stufe unterrühren. Den Teig auf ein gefettetes Backblech geben und glattstreichen. Vor den Teig ein mehrfach umgeknicktes Stück Alufolie legen.

Für den Belag die Pfirsiche abtropfen lassen, in Scheiben schneiden und auf den Teig legen. Das Weizenmehl in eine Schüssel sieben, mit Zukker und Vanillin-Zucker mischen. Die Butter in Flöckchen dazugeben. Alle Zutaten mit den Händen oder mit 2 Gabeln zu Streuseln vermengen, auf den Pfirsichen verteilen. Das Backblech in den vorgeheizten Backofen schieben.

Strom: 175–200 Grad
Gas: 3–4
Backzeit:
etwa 25 Minuten.

Für den Guß den Puderzucker sieben, mit dem Zitronensaft glattrühren, so daß eine dickflüssige Masse entsteht. Sofort nach dem Backen den Guß mit einem Pinsel oder mit einem Teelöffel auf dem Gebäck verteilen. Das erkaltete Gebäck in Schnitten von beliebiger Größe schneiden.

KIRSCH-ROLLEN

$1^1/_2$ kg Sauerkirschen
125 g Zucker
50 g Speisestärke
300 g Weizenmehl
1 Päckchen Backpulver
75 g Zucker
1 Päckchen Vanillin-Zucker
3 Tropfen Backöl Bittermandel
Salz
1 Ei
100 g kalte Butter
125 g Speisequark
Milch
Hagelzucker

Für die Füllung die Sauerkirschen waschen, entstielen und entsteinen. Mit Zucker mischen und kurz stehenlassen, aufkochen, abtropfen und erkalten lassen. Von dem Saft 250 ml ($^1/_4$ l) abmessen. Die Speisestärke mit dem Saft anrühren. Unter Rühren kurz aufkochen lassen, die Kirschen unterrühren und kalt stellen. Für den Teig das Mehl mit dem Backpulver mischen und auf die Tischplatte sieben. In die Mitte eine Vertiefung eindrücken. Zucker, Vanillin-Zucker, Backöl, Salz und das Ei hineingeben. Mit einem Teil des Mehls zu einem dikken Brei verarbeiten. Die Butter in Stücke schneiden, mit Speisequark auf den Brei geben. Mit Mehl bedecken, von der Mitte aus alles schnell zu einem glatten Teig verkneten. Den Teig teilen, jedes Stück zu einem Rechteck von 40x30 cm ausrollen. Auf jedes Rechteck in der Breite von etwa 4 cm der Länge nach bergförmig die Hälfte der erkalteten Füllung streichen. Dabei zum Rand hin einen Streifen von gut 5 cm frei lassen. Diesen auf die Füllung schlagen, sie in den Teig einrollen. Die Rollen an den Enden zusammendrücken und etwas flachdrücken. Mit Milch bestreichen und mit Hagelzucker bestreuen. Mit einem scharfen Messer die obere Seite der Rollen der Breite nach in Abständen von knapp 3 cm etwa $^1/_2$ cm tief einschneiden. Die Rollen auf ein gefettetes Backblech legen und in den vorgeheizten Backofen schieben.
Strom: 175–200 Grad
Gas: 3–4
Backzeit: 25–30 Minuten.

BLÄTTERTEIGSCHNITTEN

1 Paket tiefgefrorener Blätterteig (300 g)
3 Pfirsiche
200 g Erdbeeren
100 g Johannisbeergelee
70 g Puderzucker

Für die Füllung:
500 g Magerquark
100 ml Milch
80 g Zucker
Saft und abgeriebene Schale von 1 Zitrone
9 Blatt weiße Gelatine
250 ml (1/4 l) Schlagsahne

Die Blätterteigplatten auftauen lassen. Übereinanderlegen und zu einem etwa 25x50 cm großen Rechteck ausrollen. In 2 gleich große Quadrate schneiden. Auf ein mit Backpapier ausgelegtes Backblech legen, mehrmals mit einer Gabel einstechen, 15 Minuten ruhen lassen. Nacheinander im Backofen (Strom: 225 Grad; Gas: 4) 10–15 Minuten backen. Abkühlen lassen.
Die Pfirsiche überbrühen, häuten und in Spalten schneiden. Die Erdbeeren waschen, putzen, halbieren. Das Johannisbeergelee mit 2 Eßlöffel Wasser verrühren und 5 Minuten einkochen lassen. Auf einen Blätterteigboden streichen, trocknen lassen. Den Puderzucker mit 2 Eßlöffel Wasser glattrühren und über das Gelee Zuckerfäden ziehen. Trocknen lassen, dann in 16 gleich große Quadrate schneiden.
Für die Füllung den Quark, Milch, Zucker, Zitronensaft und -schale verrühren. Die Gelatine einweichen, ausdrücken und bei milder Hitze auflösen, unter den Quark rühren. Die Sahne steif schlagen, unterheben.
Eine Carré-Form (24x24 cm) mit Frischhaltefolie auslegen. Den ganzen Teigboden hineinlegen. Das Obst auf dem Boden verteilen. Die Quarkmasse darüber füllen. Die bestrichenen Blätterteigstücke darauf verteilen. Im Kühlschrank fest werden lassen. Mit Hilfe der Folie aus der Form heben und die Portionsstückchen nachschneiden.

Aurora

PFLAUMEN-MOHN-KUCHEN

Für den Teig:
500 g Weizenmehl
1 Päckchen Trocken-Backhefe
50 g Butter oder Margarine
50 g Zucker
1 Prise Salz
1 Ei
knapp 250 ml (1/4 l) lauwarme Milch

Für den Belag:
250 g Magerquark
2 Eier
abgeriebene Schale von 1 Zitrone (unbehandelt)
75 g Zucker
1 Päckchen Vanillin-Zucker
25 g Speisestärke
1 Päckchen Mohnback
750 g Pflaumen

Aus den angegebenen Zutaten einen Hefeteig zubereiten und 1/2 Stunde gehen lassen.
Für den Belag die Eier trennen, den Quark mit dem Eigelb, der Zitronenschale, dem Zucker, dem Vanillin-Zucker und der Speisestärke verrühren. Das Eiweiß steif schlagen und unterheben. Mohnback nach Anweisung zubereiten. Die Pflaumen entsteinen.
Den Hefeteig auf einem gut gefetteten Backblech ausrollen, dabei einen Rand formen. Noch einmal kurz gehen lassen. Den Quark, den Mohn und die Pflaumen abwechselnd in Reihen diagonal darauf verteilen. Im auf 200 Grad (Gas: 3–4) vorgeheizten Backofen etwa 40 Minuten backen.

WIENER APFELSTRUDEL

(ohne Foto)

Für den Teig:
200 g Weizenmehl
Salz
75 ml (5 EL) lauwarmes Wasser
50 g zerlassene Butter oder Margarine
oder
3 EL Speiseöl

Für die Füllung:
1–1 1/2 kg Äpfel
1/2 Fläschchen Rum-Aroma
2 Tropfen Backöl Zitrone
50 g Rosinen
75 g Butter oder Margarine
50 g Semmelmehl
100 g Zucker
1 Päckchen Vanillin-Zucker
50 g abgezogene, gehackte Mandeln

Für den Teig das Mehl in eine Rührschüssel sieben und das Salz hineingeben. Nach und nach Wasser und Butter, Margarine oder Speiseöl hinzufügen. Alle Zutaten mit dem Handrührgerät mit Knethaken zunächst kurz auf niedrigster, dann auf höchster Stufe gut durcharbeiten. Anschließend auf der Arbeitsfläche zu einem glatten Teig verkneten. Sollte er kleben, ihn eine Zeitlang kalt stellen. Den Teig auf Pergamentpapier in einen heißen, trockenen Kochtopf legen (vorher Wasser darin kochen), mit einem Deckel verschließen und etwa 30 Minuten ruhen lassen.
Für die Füllung die Äpfel schälen, vierteln, entkernen und in feine Stifte schneiden. Das Rum-Aroma und das Backöl Zitrone untermischen. Die Rosinen verlesen. Butter oder Margarine zerlassen. Den Teig auf einem bemehlten, großen Tuch (Tischtuch) ausrollen, dünn mit etwas von dem Fett bestreichen, dann mit den Händen zu einem Rechteck (50x70 cm) ausziehen (er muß durchsichtig sein). Die Ränder, wenn sie dicker sind, abschneiden. 2/3 des Fettes auf den Teig streichen. Semmelmehl auf den Teig streuen (an den kürzeren Seiten etwa 3 cm frei lassen). Nacheinander die Äpfel, Rosinen, Zucker, Vanillin-Zucker und die Mandeln darauf verteilen. Die freigebliebenen Teigränder auf die Füllung schlagen. Den Teig von der längeren Seite her, mit der Füllung beginnend, aufrollen, an den Enden gut zusammendrücken, auf ein gefettetes Backblech legen und mit Fett bestreichen.
Strom: 170–200 Grad (vorgeheizt)
Gas: 3–4 (vorgeheizt)
Backzeit: 45–55 Minuten.
Während des Backens den Studel mit der restlichen Butter bestreichen.
Veränderung: Anstelle eines großen zwei kleine Strudel backen.

JOHANNISBEER-QUARK-KUCHEN MIT BAISER

Für den Teig:
300 g Weizenmehl
1 Päckchen Backpulver
150 g Speisequark
6 EL Milch
6 EL Speiseöl
75 g Zucker
1 Päckchen Vanillin-Zucker
Salz

Für den Belag:
750 g Johannisbeertrauben
750 g Speisequark
200 g Zucker
1 Päckchen Vanillin-Zucker
3 Eier
2 Eigelb
50 g zerlassene Butter
50 g Speisestärke

Für die Baisermasse:
2 Eiweiß
100 g Zucker
20 g Mandeln, gehobelt

Das Weizenmehl mit dem Backpulver mischen, in eine Rührschüssel sieben und Speisequark, Milch, Speiseöl, Zucker, Vanillin-Zucker und Salz hinzufügen. Die Zutaten mit einem Handrührgerät mit Knethaken auf höchster Stufe etwa 1 Minute verarbeiten, anschließend auf der Tischplatte zu einer Rolle formen. Den Teig auf einem gefetteten Backblech knapp 1/2 cm dick ausrollen, vor den Teig einen mehrfach umgeknickten Streifen Alufolie legen.

Für den Belag die Johannisbeertrauben waschen, gut abtropfen lassen und entstielen. Die übrigen Zutaten zu einer Quarkcreme verrühren. Die Johannisbeeren unter die Quarkmasse heben, auf dem Teig verteilen und glattstreichen. Das Backblech in den vorgeheizten Backofen schieben.
Strom: etwa 170 Grad
Gas: 2–3
Backzeit:
etwa 30 Minuten.

Für die Baisermasse das Eiweiß steif schlagen, es muß so fest sein, daß ein Messerschnitt sichtbar bleibt. Nach und nach den Zucker eßlöffelweise unterschlagen. Den Eierschnee auf die Quarkmasse streichen. Die Mandeln darüberstreuen.
Strom: 200–220 Grad
Gas: 4–5, Backzeit:
etwa 5 Minuten.

DRESDNER EIERSCHECKE

(ohne Foto)

Für den Hefeteig:
125 g Weizenmehl
10 g Hefe
20 g Zucker
75 ml Wasser
20 g zerlassenes Butterschmalz
1 Prise Salz

Für die Quarkmasse:
300 g Quark (20 % Fett)
30 g Mehl
1 Ei, 50 g Zucker
50 g Korinthen

Für die Scheckenmasse:
300 g Vanillepudding
100 g weiches Butterschmalz
je 2–3 Tropfen Zitronen- und Vanillearoma
3 Eigelb
4 Eiweiß
50 g Zucker
2 g Salz
25 g Mehl
Fett für das Blech

Das Weizenmehl in eine Schüssel geben, mit einem Löffel eine Vertiefung eindrücken. Die Hefe mit etwas Zucker und dem lauwarmen Wasser verrühren, in die Vertiefung gießen und mit Mehl bestäuben. Den Vorteig ca. 10 Minuten gehen lassen, dann die restlichen Zutaten zugeben und alles zu einem Teig verkneten. Den Teig etwa 1 Stunde gehen lassen, bis sich das Teigvolumen verdoppelt hat. Aus dem Hefeteig einen Boden für den Kuchen ausrollen, auf das gefettete Blech legen und andrücken.
Für die Quarkmasse alle Zutaten verrühren, auf den Teig streichen und die Korinthen darüberstreuen.
Den Pudding glattrühren, das Butterschmalz und die Aromen dazugeben, weiterrühren, bis eine homogene Creme entsteht. Das Eigelb schnell unterrühren. Eiweiß, Zukker und Salz zu Schnee schlagen, die Puddingmasse und das Mehl unterziehen. Auf die Quarkmasse streichen und bei 175–200 Grad (Gas: etwa 3) etwa 50 Minuten backen.

PLÄTZCHEN UND KLEINGEBÄCK

Zarte Plätzchen und knuspriges Kleingebäck schmecken zu jeder Tageszeit: zum Tee, zum Kaffee, als feines Beiwerk zu einem Dessert oder einfach nur so zwischendurch.

WAFFELN

175 g Kokosfett
175 g feinkörniger Zucker
1 Päckchen Vanillin-Zucker
4 Eier
Salz
½ Fläschchen Rum-Aroma
200 g Weizenmehl
50 g Speisestärke
½ gestrichener TL Backpulver
Puderzucker

Das Kokosfett zerlassen, wieder etwas fest werden lassen. Mit einem Handrührgerät mit Rührbesen auf höchster Stufe in etwa ½ Minute geschmeidig rühren. Nach und nach den Zucker und Vanillin-Zucker unterrühren. So lange rühren, bis eine gebundene Masse entstanden ist. Eier, Salz und Rum-Aroma nach und nach hinzugeben (jedes Ei etwa ½ Minuten unterrühren). Das Weizenmehl mit der Speisestärke und dem Backpulver mischen, sieben, nach und nach auf mittlerer Stufe unterrühren. Ein Waffeleisen gut erhitzen und mit Fett einpinseln. Den Teig in nicht zu großen Portionen in das Waffeleisen füllen und sofort gut verstreichen. Die Waffeln von beiden Seiten goldbraun backen und einzeln auf einem Kuchenrost erkalten lassen. Nach Belieben mit Puderzucker bestäuben.
Beigabe: Schlagsahne und Fruchtstücke.

KIRSCHBEUTELCHEN

Für den Teig:
250 g Weizenmehl
Salz
100 ml lauwarmes Wasser
1 kleines Ei
1 EL Speiseöl

Für die Füllung:
110 g Margarine oder Butter
2 Eigelb
100 g Marzipan-Rohmasse
370 g Sauerkirschen (aus dem Glas)
30 g Löffelbiskuits
50 g abgezogene gemahlene Mandeln
Puderzucker

Das Weizenmehl in eine Rührschüssel sieben, Salz, Wasser, Ei und Speiseöl hinzufügen. Die Zutaten mit einem Handrührgerät mit Knethaken zunächst kurz auf niedrigster, dann auf höchster Stufe gut durcharbeiten. Anschließend auf der Arbeitsfläche zu einem glatten Teig verkneten. Sollte er kleben, ihn eine Zeitlang kalt stellen. Den Teig auf Pergamentpapier in einen heißen, trockenen Kochtopf legen (vorher Wasser darin kochen), mit einem Deckel verschließen und etwa 30 Minuten ruhen lassen.
Für die Füllung 60 g von der Margarine oder Butter zerlassen und abkühlen lassen. Mit 2 Eigelb verrühren. Die Marzipan-Rohmasse in kleine Würfel schneiden. Die Sauerkirschen zum Abtropfen auf ein Sieb geben, die Löffelbiskuits fein zerbröseln, die Mandeln bereitstellen. Den Teig auf einem bemehlten großen Tuch dünn ausrollen, ihn dann mit den Händen zu einem Rechteck (etwa 65x45 cm) ausziehen (er muß durchsichtig sein). Die Ränder, wenn sie dicker sind, abschneiden. Den Teig in Quadrate (12x12 cm) schneiden und mit der Butter-Eigelb-Masse bestreichen. Mit Biskuitbröseln und Mandeln bestreuen und mit Kirschen und Marzipanwürfeln belegen (pro Quadrat 4–5 Kirschen. Den Teig so über der Füllung zusammendrücken, daß kleine Beutel entstehen. Auf ein gefettetes Backblech legen, mit der restlichen zerlassenen Margarine oder Butter bestreichen. Die Beutelchen während des Backens mit dem restlichen Fett bestreichen.
Strom: 175–200 Grad
Gas 3–4 (vorgeheizt)
Backzeit:
etwa 10 Minuten.
Die Beutelchen – warm oder kalt – servieren, vorher mit Puderzucker bestäuben.
Beigabe: Abgeschlagene Vanillesoße
Tip:
Marzipan selbst herstellen: 80 g Mandeln enthäuten, mit 80 g Puderzucker mahlen, mit etwas Rosenwasser zu einer glatten Masse verkneten.

PLUNDERROSETTEN

(25 Stück)

Für den Teig:
375 g Weizenmehl
1 Päckchen Trocken-Backhefe
50 g Zucker
1 Päckchen Vanillin-Zucker
Salz
1 Ei
50 g in Stücke geschnittene Butter
100 ml kalte Milch
150 g kalte Butter

Für die Füllung:
gut 125 ml (1/8) Milch
100 g Zucker
1 Päckchen Vanillin-Zucker
Salz
250 g Haselnußkerne
25 g Semmelmehl
1/2 TL gemahlener Zimt
2 EL Rum, 1 Ei
50 g zerlassene Butter
Zucker

Für den Teig das Weizenmehl in eine Rührschüssel sieben und mit der Trocken-Backhefe sorgfältig vermischen. Zucker, Vanillin-Zucker, Salz, Ei, Butter und Milch hinzufügen. Alles in einer Küchenmaschine mit Knethaken zuerst auf niedrigster, dann auf höchster Stufe in etwa 5 Minuten zu einem Teig verarbeiten (Foto 1).
5 Minuten bei Zimmertemperatur ruhen lassen. Den Teig zu einem Rechteck (25x40 cm) ausrollen. Die kalte Butter in Scheiben schneiden und die Hälfte der Teigplatte (25x20 cm) damit belegen. Die andere Teighälfte darauf klappen und mit der Teigrolle leicht andrücken. Das Teigpaket mit der breiten Seite zur Tischkante legen und wieder zu einem Rechteck (25x40 cm) ausrollen. Von den kürzeren Seiten her zur Mitte hin so zusammenklappen, daß die Teigkanten aneinanderstoßen. Den Teig nochmals von der längeren Seite her so überschlagen, daß 4 Teiglagen entstehen. 15 Minuten in den Kühlschrank legen. Das Teigpaket mit der breiten Seite zur Tischkante legen. Noch einmal ausrollen und zusammenschlagen, wie oben beschrieben. Den Teig nochmals 15 Minuten kühl stellen.

Für die Füllung die Milch mit Zucker, Vanillin-Zukker und Salz zum Kochen bringen. Die Haselnußkerne mahlen, mit Semmelmehl, Zimt und Rum unterrühren. Die Masse abkühlen lassen. Das Ei unterrühren. Den Teig zu einem Rechteck (40x50 cm) ausrollen, die Füllung darauf streichen (Foto 2). Die Teigplatte aufrollen, in etwa 2 cm dicke Scheiben schneiden (Foto 3). Die Teigscheiben auf ein gefettetes Backblech legen, bei Zimmertemperatur 15–30 Minuten ruhen lassen, bis sie sich sichtbar vergrößert haben. Jede Teigscheiben-Oberfläche fünfmal mit einer Schere einschneiden (Foto 4). Das Backblech in den Backofen schieben.

Strom: 200–225 Grad (vorgeheizt)

Gas: etwa 4 (vorgeheizt)

Backzeit:
etwa 20 Minuten.

Die Plunderrosetten sofort nach dem Backen mit zerlassener Butter bestreichen und mit Zucker bestreuen.

HOLLÄNDISCHES KAFFEEGEBÄCK

Für den Teig:
300 g weiche Butter oder Margarine
100 g gesiebter Puderzucker
1 Päckchen Vanillin-Zucker, 2 Eier, Salz
abgeriebene Schale von 1 Zitrone (unbehandelt)
400 g Weizenmehl
3 g (1 gestrichener TL) Backpulver
Aprikosen-Konfitüre
Für den Guß:
100 g Kuvertüre
20 g Kokosfett

Für den Teig die Butter oder Margarine mit einem elektrischen Handrührgerät mit Rührbesen auf höchster Stufe in etwa 1/2 Minute geschmeidig rühren Nach und nach den Puderzucker und den Vanillin-Zucker unterrühren. So lange rühren, bis eine gebundene Masse entstanden ist. Nach und nach die Eier, Salz und die Zitronenschale unterrühren. Das Weizenmehl mit dem Backpulver mischen, sieben und eßlöffelweise auf mittlerer Stufe unterrühren. Den Teig in einen Spritzbeutel mit gezackter Tülle füllen, in eng untereinanderliegenden Linien auf ein Backblech spritzen, so daß jeweils die Form eines langgezogenen Dreiecks entsteht. Das Blech in den vorgeheizten Backofen schieben.
Strom: 175–200 Grad
Gas: 3–4
Backzeit:
etwa 15 Minuten.

Die Hälfte der erkalteten Plätzchen auf der Unterseite mit Aprikosen-Konfitüre bestreichen. Die anderen mit der Unterseite darauf legen.
Für den Guß die Kuvertüre mit dem Kokosfett in einem kleinen Topf im Wasserbad bei schwacher Hitze zu einer geschmeidigen Masse verrühren. Die Plätzchen mit der breiten Seite hineintauchen.

BUTTERKNÖPFCHEN

200 g weiche Butter
100 g gesiebter Puderzucker
2 Päckchen Vanillin-Zucker
1 Eiweiß
150 g Weizenmehl
150 g Speisestärke
kandierte Kirschstückchen

Die Butter geschmeidig rühren. Nach und nach Puderzucker, Vanillin-Zucker und Eiweiß unterrühren. Das Weizenmehl mit der Speisestärke mischen, sieben und 2/3 davon eßlöffelweise unterrühren. Den Rest unterkneten. Sollte der Teig kleben, ihn eine Zeitlang kalt stellen. Aus dem Teig etwa 1 1/2 cm dicke Rollen formen und etwa 1 1/2 cm dicke Stückchen davon abschneiden. Etwas rund formen und auf ein Backblech legen. Mit einer in Mehl getauchten Gabel etwas flachdrücken, mit kandierten Kirschstückchen belegen und in den vorgeheizten Backofen schieben.
Strom: 175–200 Grad
Gas: 3–4
Backzeit:
etwa 10 Minuten.

OBSTTÖRTCHEN

(6 Stück)

Für den Mürbeteig:
225 g Weizenmehl
100 g weiche Butter oder Margarine
1 Prise Salz
50 g Zucker
1 Päckchen Vanillin-Zucker
1 Ei
abgeriebene Schale von 1 unbehandelten Zitrone
Fett für die Förmchen

Für die Füllung:
250 ml (1/4 l) Milch
1 Paket Mousse aux fruits
750 g Erdbeeren

Für den Guß:
1 Paket klarer Tortenguß
2 EL Hagelzucker

Für den Mürbeteig das Weizenmehl, Fett, Salz, Zucker, Vanillin-Zucker, Ei und Zitronenschale mit 1 Eßlöffel Wasser verkneten. Den Teig etwa 30 Minuten kalt stellen. Die Tortelett-Förmchen (11 cm Durchmesser) ausfetten. Den Teig in 6 Portionen teilen, ausrollen und die Förmchen damit auslegen. Mit einer Gabel mehrmals einstechen und in den Backofen schieben.
Strom: 200 Grad
Gas: 3, Backzeit: 20–25 Minuten.
Den Teig abkühlen lassen und aus den Formen lösen. Die Milch und das Cremepulver mit den Rührbesen des Handrührgerätes auf höchster Stufe 3 Minuten aufschlagen, kühl stellen. Die Törtchenböden damit bestreichen.
Die Erdbeeren putzen, vorsichtig waschen, trokkentupfen, große Früchte evtl. halbieren, auf die Törtchenböden verteilen. Den Tortenguß nach Pakkungsanweisung zubereiten und über das Obst verteilen. Den Hagelzucker über die Fruchttörtchen streuen.

WAFFELN MIT ZITRONENCREME

Für die Zitronencreme:
2 gehäufte TL Weizenstärke
160 ml Zitronensaft
140 g Zucker
4 Eigelb
50 g Rosinen

Für die Waffeln:
4 Eier
150 g Zucker
1 Päckchen Vanillin-Zucker
125 g weiche Butter
100 g Weizenmehl
1/4 EL dunkler Kakao
3 EL Schlagsahne
1 EL Orangenlikör
Butter für das Waffeleisen

Die Weizenstärke mit dem Zitronensaft verrühren. Mit dem Zucker und dem Eigelb im Wasserbad 8 Minuten aufschlagen.
Die Eier mit dem Zucker und dem Vanillin-Zucker schaumig schlagen. Die Butter in Flöckchen schneiden, mit dem Weizenmehl zu der Schaummasse geben und 10 Minuten rühren. Den Kakao sieben und einrühren.
Mit der Sahne und dem Orangenlikör den Teig dünnflüssiger machen.
Den Teig portionsweise in das gefettete, heiße Waffeleisen geben. Die Waffeln in Herzen brechen, schuppenförmig anrichten. Die Zitronencreme daneben geben, mit den Rosinen bestreuen.

TRAUBENTÖRTCHEN

(5 Stück)

1 Packung Obstkuchenteig (250 g)
100 g Butter oder Margarine
1 EL Rum
Fett für die Förmchen

Für den Belag:
1 Packung Zitronen-Cremepulver (für 300 ml Milch; ohne Kochen)
150 ml Milch
150 ml Schlagsahne
je 150 g grüne und blaue Weintrauben
1 Päckchen klarer Tortenguß
1/4 l Trauben- oder Apfelsaft
einige Blättchen Zitronenmelisse

Den Teig nach der Packungsanleitung mit weichem Fett und Rum zubereiten. Die Tortelleteförmchen (12 cm Durchmesser) ausfetten und mit dem Teig auslegen, dabei einen kleinen Rand hochziehen. Im Backofen (Strom 175 Grad; Gas: 2–3) 20 Minuten blindbacken. Aus den Förmchen lösen und auf einem Kuchengitter abkühlen lassen.

Das Cremepulver mit Milch und Sahne nach der Packungsanleitung zubereiten und in die Törtchen füllen. Die Trauben waschen und darauf verteilen. Den Tortenguß nach Anleitung mit dem Saft zubereiten und über den Trauben verteilen. Die Törtchen mit Zitronenmelisseblättchen verzieren.

SPANISCHE MANDELTÖRTCHEN

(26 Törtchen)

Für die Makronenmasse:
2 Eiweiß
1 Prise Salz
125 g Zucker
200 g abgezogene, gemahlene Mandeln
4 Tropfen Bittermandelaroma

Für den Biskuitteig:
4 Eier
2 Eigelb
50 g Zucker
200 g Marzipan-Rohmasse
1 Prise Salz
2 Msp. abgeriebene Zitronenschale (von einer unbehandelten Zitrone)
2 EL Zitronensaft
100 g Weizenmehl
2 Msp. Backpulver

Zum Backen und Verzieren:
26 Papier-Backförmchen (50 mm Durchmesser)
2 EL Mandelblättchen

Für die Makronenmasse Eiweiß und Salz zu Eischnee schlagen, den Zucker langsam einrieseln lassen und so lange schlagen, bis eine cremige Makronenmasse entsteht. Dann die Mandeln und das Bittermandelaroma dazugeben.
Für den Biskuitteig Eier, Eigelb, Zucker und zerbröseltes Marzipan schaumig schlagen. Salz, Zitronenschale und -saft, Weizenmehl und Backpulver mischen, sieben und unterrühren. Die Backförmchen auf ein Backblech stellen. Jeweils 2 Eßlöffel Teig in die Förmchen füllen.
1 gehäuften Teelöffel Makronenmasse daraufsetzen und mit Mandelblättchen bestreuen. Die Törtchen im vorgeheizten Backofen bei 175 Grad (Gas: etwa 3) auf der mittleren Schiene jeweils ca. 20 Minuten goldgelb backen. Abkühlen lassen.

NUSS-PLUNDERTEILCHEN

Für den Plunderteig:
375 g Weizenmehl
1 Päckchen Trocken-Backhefe
50 g Zucker
1 Päckchen Vanillin-Zucker
50 g zerlassene, lauwarme Butter, 1 Ei
125 ml (1/8 l) lauwarme Milch
125 g weiche Butter
Für die Füllung:
200 g gemahlene Haselnußkerne
100 g Zucker
4 Tropfen Backöl Bittermandel
etwa 4 EL Rum
verschlagenes Eiweiß
1 Eigelb, 1 EL Milch
Zum Aprikotieren:
2 EL Aprikosen-Konfitüre
2 EL Wasser
Zum Glasieren:
60 g gesiebter Puderzucker, 2 EL Rum

Das Weizenmehl in eine Schüssel sieben und mit der Trocken-Backhefe sorgfältig vermischen. Zucker, Vanillin-Zucker, Butter, Ei und Milch hinzufügen. Alles mit einem Handrührgerät mit Knethaken zuerst auf der niedrigsten, dann auf der höchsten Stufe in etwa 5 Minuten zu einem Teig verarbeiten. Auf der gut mit Weizenmehl bestäubten Tischplatte zu einem Rechteck von 50x40 cm ausrollen. Die Hälfte der Butter darauf streichen. Von der Teigplatte den linken Teil der langen Seite zu 2/3 und den rechten Teil zu 1/3 so zusammenlegen, daß beide Kanten von der längeren Seite zur Hälfte übereinanderschlagen. 15 Minuten im Kühlschrank ruhen lassen.

Den Vorgang unter Verarbeitung der restlichen Butter wiederholen. Den Teig nochmals 15 Minuten in den Kühlschrank stellen. Den Teig halbieren, jede Hälfte zu einem Quadrat von 36x36 cm ausrollen und in 12x12 cm große Quadrate schneiden.
Für die Füllung die Haselnußkerne mit Zucker, Backöl und Rum zu einer streichfähigen Masse verrühren. Auf die Mitte jedes Teigquadrates etwas von der Füllung geben. Die Teigränder mit dem Eiweiß bestreichen. Die Teigquadrate zu Dreiecken zusammenklappen und auf ein gut gefettetes Backblech legen. Etwa 30 Minuten bei Zimmertemperatur stehenlassen. Das Eigelb mit der Milch verschlagen. Die Teigdreiecke damit bestreichen. Das Backblech in den vorgeheizten Backofen schieben.
Strom: etwa 200 Grad
Gas: 3–4
Backzeit:
etwa 15 Minuten.
Zum Aprikotieren die Aprikosen-Konfitüre durch ein Sieb streichen. Mit Wasser unter Rühren zum Kochen bringen. Die Plunderteilchen sofort nach dem Backen damit bestreichen.
Zum Glasieren den Puderzucker mit Rum verrühren. Die Plunderteilchen damit bestreichen.

APFELSINEN-SCHOKOLADENPLÄTZCHEN

200 g Weizenmehl
60 g Speisestärke
1 gestr. TL Backpulver
100 g Zucker
1 Päckchen Vanillin-Zucker
abgeriebene Schale von 1 Orange (unbehandelt)
1 Ei
125 g weiche Butter
100 g Zartbitter-Schokolade

Das Weizenmehl mit Speisestärke und Backpulver mischen und in eine Rührschüssel sieben. Den Zucker, Vanillin-Zucker, Orangenschale, Ei und Butter hinzufügen. Die Zutaten mit einem Handrührgerät mit Knethaken zunächst kurz auf niedrigster, dann auf höchster Stufe gut durcharbeiten. Die Schokolade in kleine Stücke schneiden, kurz auf mittlerer Stufe unterkneten. Anschließend alles auf der Tischplatte zu einem glatten Teig verkneten. Aus dem Teig 3 etwa 3 cm dicke Rollen formen, breitdrücken, so daß die Teigstreifen etwa 5 cm breit und gut 1 cm hoch sind. Kalt stellen, bis der Teig hart geworden ist, ihn dann mit einem scharfen Messer in knapp 1/2 cm dicke Scheiben schneiden, auf ein gefettetes Backblech legen und in den vorgeheizten Backofen schieben.
Strom: 175–200 Grad
Gas: 3–4
Backzeit:
etwa 10 Minuten.

WINDBEUTEL

Für den Teig:
250 ml (1/4 l) Wasser
50 g Margarine oder Butter
150 g Weizenmehl
30 g Speisestärke
4–6 Eier
1 gestr. TL Backpulver

Für die Füllung:
500 g Sauerkirschen
50 g Zucker
oder
etwa 360 g entsteinte, gedünstete Sauerkirschen
15 g Speisestärke
500 ml (1/2 l) Schlagsahne
25 g Puderzucker
1 Päckchen Vanillin-Zucker
2 Päckchen Sahnesteif
Puderzucker

Für den Teig das Wasser mit Margarine oder Butter am besten in einem Stieltopf zum Kochen bringen. Das Weizenmehl mit der Speisestärke mischen, sieben und auf einmal in die von der Kochstelle genommene Flüssigkeit schütten. Zu einem glatten Kloß rühren, unter Rühren etwa 1 Minute erhitzen, den heißen Kloß sofort in eine Rührschüssel geben. Nach und nach die Eier mit einem Handrührgerät mit Knethaken auf höchster Stufe unterarbeiten. Weitere Eizugabe erübrigt sich, wenn der Teig stark glänzt und so von einem Löffel abreißt, daß lange Spitzen hängenbleiben. Das Backpulver in den erkalteten Teig arbeiten. Mit 2 Löffeln (Foto 1) oder mit einem Spritzbeutel 12 Teighäufchen auf ein gefettetes, mit Weizenmehl bestäubtes Backblech setzen (Foto 2). In den vorgeheizten Backofen schieben.
Strom: 200–225 Grad (vorgeheizt)
Gas: 4–5 (vorgeheizt)
Backzeit:
25–30 Minuten.
Während der ersten 15 Minuten Backzeit die Backofentür nicht öffnen, da das Gebäck sonst zusammenfällt. Sofort nach dem Backen von jedem Windbeutel einen Deckel abschneiden (Foto 3). Für

die Füllung die Sauerkirschen waschen, entstielen, entsteinen, mit Zucker mischen, einige Zeit zum Saftziehen stehenlassen, nur eben zum Kochen bringen. Oder etwa 360 g entsteinte, gedünstete, Sauerkirschen abtropfen lassen. Wenn Saft und Kirschen kalt sind, 125 ml ($^{1}/_{8}$ l) Saft abmessen (evtl. mit Wasser ergänzen), die Speisestärke mit dem Saft anrühren, unter Rühren zum Kochen bringen, kurz aufkochen lassen, die Kirschen unterrühren, kalt stellen und mit Zucker abschmecken. Die Schlagsahne $^{1}/_{2}$ Minute schlagen. Den Puderzucker sieben, mit Vanillin-Zucker und Sahnesteif mischen, einstreuen und die Sahne steif schlagen. In jeden Windbeutel etwas von der erkalteten Kirschmasse geben (Foto 4), darauf die Sahne spritzen und auf jeden Windbeutel einen Deckel legen. Mit Puderzucker bestäuben.

MARZIPAN-MANDEL-TÖRTCHEN

(12–14 Stück)
200 g Marzipan-Rohmasse
75 g Zucker, 2 Eier
2 Eigelb, 2 Eiweiß
30 g Zucker
100 g Weizenmehl
1 Msp. Backpulver
30 g gehacktes Orangeat
30 g abgezogene, gehobelte Mandeln
2–3 EL abgezogene, gehobelte Mandeln

Zum Aprikotieren:
3 EL Aprikosen-Konfitüre
3 EL Rum, 1 EL Wasser

Für den Teig die Marzipan-Rohmasse mit dem Rührbesen des Handrührgerätes gut verrühren. Nach und nach Zucker, Eier und Eigelb unterrühren. So lange rühren, bis eine cremige Masse entstanden ist.
Das Eiweiß steif schlagen, dabei den Zucker unterschlagen, auf die Eigelbcreme geben. Das Weizenmehl mit dem Backpulver mischen, darüber sieben und mit dem Orangeat unterheben.
Den Teig in gut gefettete, mit Mandeln ausgestreute Förmchen (Durchmesser etwa 8 cm, Höhe etwa 3–4 cm) füllen. Mit Mandeln bestreuen. Die Förmchen auf dem Backblech in den vorgeheizten Backofen schieben.
Strom: 175–200 Grad
Gas: 3–4
Backzeit:
etwa 20 Minuten.

Zum Aprikotieren die Aprikosen-Konfitüre durch ein Sieb streichen, mit Rum und Wasser verrühren. Die erkalteten Törtchen damit bestreichen, etwas antrocknen lassen und in gut schließenden Dosen aufbewahren.

ORANGEN-PLÄTZCHEN

175 g weiche Butter
100 g Zucker
1 Päckchen Vanillin-Zucker
1 Ei
Schale von 1 Orange (unbehandelt)
300 g Weizenmehl

Für den Guß:
175 g Puderzucker
4–5 EL Orangenlikör oder Orangensaft
kandierte Orangenscheiben

Die Butter mit Zucker, Vanillin-Zucker und Ei mit einem Handrührgerät mit Rührbesen auf höchster Stufe schaumig rühren. Die Orangenschale unterrühren. Das Weizenmehl sieben und $^{2}/_{3}$ nach und nach unterrühren. Den Rest unterkneten. Etwa 20 Minuten kühl stellen. Den Teig auf einer bemehlten Arbeitsfläche etwa 3 mm dick ausrollen. Mit einer runden Form (Durchmesser etwa 4 cm) Plätzchen ausstechen. Auf ein mit Back-Trennpapier ausgelegtes Backblech geben. Das Blech in den vorgeheizten Backofen schieben.
Strom: etwa 200 Grad
Gas: 3–4
Backzeit:
etwa 12 Minuten.
Für den Guß den Puderzucker sieben, mit Orangenlikör oder Orangensaft glattrühren, so daß eine dickflüssige Masse entsteht. Die erkalteten PLätzchen damit bestreichen. Die kandierten Orangenscheiben in Stücke schneiden und die Plätzchen damit garnieren.

CLUBTEILCHEN

150 g Speisequark
6 EL Milch
6 EL Speiseöl
75 g Zucker
1 Päckchen Vanillin-Zucker
Salz
300 g Weizenmehl
1 Päckchen Backpulver
Konfitüre
Dosenmilch

Den Speisequark mit Milch, Speiseöl, Zucker, Vanillin-Zucker und Salz verrühren. Das Weizenmehl mit dem Backpulver mischen, sieben und die Hälfte davon unter den Quark rühren. Den Rest des Mehls unterkneten. Den Teig etwa 1/2 cm dick ausrollen und Vierecke ausrändern. In der Mitte mit Konfitüre belegen. Zu Dreiecken, Taschen, Hahnenkämmen oder Windmühlen zusammenschlagen. Mit der Dosenmilch bestreichen und auf ein gefettetes Backblech legen. In den vorgeheizten Backofen schieben.
Strom: 175–200 Grad
Gas: 3–4
Backzeit:
etwa 15 Minuten.

PFLAUMENKRAPFEN

Für den Teig:
75 g Speisequark
50 ml Milch
50 ml Speiseöl
40 g Zucker
1 Päckchen Vanillin-Zucker
1 Fläschchen Butter-Vanille-Aroma
1 Prise Salz
150 g Weizenmehl
4 gestrichene TL Backpulver

Für die Füllung:
10–15 Pflaumen (je nach Größe)
10–15 abgezogene Mandeln
gemahlener Zimt
Ausbackfett
Zucker

Für die Pflaumensoße:
300 g entsteinte Pflaumen
etwa 2 EL Zucker
1 EL Pflaumengeist

Für den Teig den Speisequark mit Milch, Speiseöl, Zucker, Vanillin-Zukker, Butter-Vanille-Aroma und Salz in eine Rührschüssel geben. Mit den Knethaken des Handrührgerätes zu einer glatten Masse verarbeiten. Das Weizenmehl mit dem Backpulver mischen, sieben, zunächst auf niedrigster, dann auf höchster Stufe kurz unterkneten (nicht zu lange, Teig klebt sonst). Den Teig auf der leicht mit Mehl bestäubten Arbeitsfläche zu einer Rolle formen.
Für die Füllung die Pflaumen waschen, trockenreiben und entsteinen. Die Mandeln in dem Zimt wälzen. Die Pflaumen damit füllen. Den Teig in 10–15 gleichmäßige Stücke schneiden. Je 1 Pflaume in ein Teigstück einhüllen und den Teig gut andrücken. Die Teigkugeln schwimmend in siedendem Ausbackfett hellbraun backen, mit einem Schaumlöffel herausnehmen und auf Küchenpapier abtropfen lassen. In Zucker wenden.
Für die Pflaumensoße die Pflaumen pürieren, den Zucker unterrühren, evtl. mit Pflaumengeist abschmecken.

HAHNENKÄMME

Für den Plunderteig:
375 g Weizenmehl
1 Päckchen Trocken-Backhefe
50 g Zucker
1 Päckchen Vanillin-Zucker
50 g zerlassene, lauwarme Butter
1 Ei
125 ml (1/8 l) lauwarme Milch
125 g weiche Butter

Für die Füllung:
200 g Marzipan-Rohmasse
50 g weiche Butter
1 Ei
verschlagenes Eiweiß
1 Eigelb
1 EL Milch

Zum Aprikotieren:
2 EL Aprikosen-Konfitüre
2 EL Wasser

Zum Glasieren:
60 g gesiebter Puderzucker
etwa 2 EL Zitronensaft

Das Weizenmehl in eine Schüssel sieben und mit der Trocken-Backhefe sorgfältig vermischen. Zucker, Vanillin-Zucker, Butter, Ei und Milch hinzufügen. Die Zutaten mit einem Handrührgerät mit Knethaken zuerst auf niedrigster, dann auf höchster Stufe in etwa 5 Minuten zu einem glatten Teig verarbeiten. Auf der gut mit Weizenmehl bestäubten Tischplatte zu einem Rechteck von 50x40 cm ausrollen. Die Hälfte der Butter darauf streichen (Foto 1). Von der Teigplatte den linken Teil der langen Seite zu 2/3 und den rechten Teil zu 1/3 so zusammenlegen, daß beide Kanten aneinanderstoßen. Dann den Teig von der längeren Seite zur Hälfte übereinanderschlagen (Foto 2) und 15 Minuten im Kühlschrank ruhen lassen. Den Vorgang unter Verarbeitung der restlichen Butter wiederholen. Den Teig dann nochmals 15 Minuten in den Kühlschrank stellen. Den Teig halbieren, jede Hälfte zu einem Quadrat von 36x36 cm ausrollen, jeweils in 12x12 cm große Quadrate schneiden. Für die Füllung die Marzipan-Rohmasse mit der Butter und dem Ei gut verrühren. Auf die Mitte jedes Teigquadrates etwas von der Füllung geben (Foto 3).

Die Teigränder mit dem Eiweiß bestreichen, über die Füllung klappen und etwas andrücken. Die Teigtaschen in Abständen von etwa $1^{1}/_{2}$ cm leicht einschneiden, etwas auseinanderbiegen, auf ein gut gefettetes Backblech legen (Foto 4) und etwa 30 Minuten bei Zimmertemperatur stehenlassen.
Das Eigelb mit der Milch verschlagen und die Hahnenkämme damit bestreichen. Das Backblech in den vorgeheizten Backofen schieben.
Strom: etwa 200 Grad
Gas: 3–4
Backzeit:
etwa 15 Minuten.
Zum Aprikotieren die Aprikosen-Konfitüre durch ein Sieb streichen und mit Wasser unter Rühren zum Kochen bringen. Die Hahnenkämme sofort nach dem Backen damit bestreichen, etwas abkühlen lassen.
Zum Glasieren den Puderzucker mit dem Zitronensaft verrühren, die Hahnenkämme damit bestreichen.

Tip:
Hahnenkämme und auch alle anderen Plundergebäcke, schmecken frisch gebacken – noch lauwarm – am besten.

PRINZESSBREZELN

Für den Teig:
375 g Weizenmehl
40 g Kakao
175 g Zucker
1 Päckchen Vanillin-Zucker
Salz, 1 Ei
250 g weiche Butter

Zum Bestreichen:
100 g Halbbitter-Kuvertüre
100 g Speisefettglasur
etwa 60 g abgezogene, gehackte, gebräunte Mandeln

Für den Teig das Weizenmehl mit dem Kakao mischen und in eine Rührschüssel sieben. Zucker, Vanillin-Zucker, Salz, Ei und Butter hinzufügen. Die Zutaten mit einem Handrührgerät mit Knethaken zunächst kurz auf niedrigster, dann auf höchster Stufe gut durcharbeiten. Anschließend auf der Tischplatte zu einem glatten Teig verkneten. Sollte er kleben, ihn eine Zeitlang kalt stellen. Den Teig zu bleistiftdicken Rollen formen, in etwa 17 cm lange Stücke schneiden und zu Brezeln formen. Die Brezeln auf ein mit Backtrennpapier belegtes Backblech legen und in den vorgeheizten Backofen schieben.
Strom: 175–200 Grad
Gas: 3–4
Backzeit:
12–15 Minuten.
Zum Bestreichen die Kuvertüre mit der Speisefettglasur in einem kleinen Topf im heißen Wasserbad geschmeidig rühren. Die Brezeln damit bestreichen und mit den Mandeln bestreuen.

VANILLEPLÄTZCHEN

Für den Teig:
250 g Weizenmehl
3 g (1 gestricher TL) Backpulver
75 g Zucker
2 Päckchen Vanillin-Zucker
1 Ei
125 g kalte Butter

Zum Garnieren:
etwas Kuvertüre

Für den Teig das Weizenmehl mit dem Backpulver mischen und auf die Tischplatte sieben. In die Mitte eine Vertiefung eindrücken. Zucker, Vanillin-Zucker und Ei hineingeben. Mit einem Teil des Mehls zu einem dicken Brei verarbeiten. Die Butter in Stücke schneiden, daraufgeben und mit Mehl bedecken. Von der Mitte aus alle Zutaten schnell zu einem glatten Teig verkneten. Sollte der Teig kleben, ihn eine Zeitlang kalt stellen. Den Teig dünn ausrollen. Mit einer runden Form (Durchmesser etwa 4 cm) ausstechen. Auf ein gefettetes Backblech legen und in den vorgeheizten Backofen schieben.
Strom: 175–200 Grad
Gas: 3–4
Backzeit: 8–10 Minuten
Zum Garnieren die Kuvertüre in einem kleinen Topf im Wasserbad bei schwacher Hitze zu einer geschmeidigen Masse verrühren. Die erkalteten Plätzchen mit einem Teelöffel unregelmäßig mit der Kuvertüre besprenkeln.

WEIHNACHTSGEBÄCK

In der Advents- und Weihnachtszeit hat das Backen Hochsaison. Der Duft von weihnachtlichen Gewürzen, gerösteten Mandeln und Nüssen begleitet die Adventszeit und stimmt alt und jung auf das Weihnachtsfest ein.

DRESDNER CHRISTSTOLLEN

500 g Rosinen
3 EL Rum oder Weinbrand
140 ml Milch
85 g Hefe
90 g Zucker
540 g Weizenmehl
1 TL Salz
85 g weiches Butterschmalz
250 g weiche Butter
30 g Marzipan-Rohmasse
50 g Zitronat und Orangeat
120 g gemahlene Mandeln
30 g geriebene Bittermandeln
3 Tropfen Zitronenaroma
1/4 TL Vanillemark
1/4 TL Marcisblüte

Außerdem:
100 g Butterschmalz
50 g Zucker
75 g Puderzucker

Am Abend vorher die Rosinen in Rum einweichen.
Alle Zutaten abwiegen und bei Zimmertemperatur stehenlassen, bis auf die Milch und die Hefe.
Am nächsten Tag einen Teil der Milch erwärmen und mit der zerbröckelten Hefe und einer Prise Zucker verrühren, etwas Mehl dazugeben und ca. 20 Minuten gehen lassen. Das restliche Mehl, Zucker, Milch, Salz, Butterschmalz, Butter und Marzipan-Rohmasse dazugeben und zu einem Teig verkneten. Zum Schluß die restlichen Zutaten unterarbeiten. Den Teig zugedeckt eine Stunde gehen lassen, dann kurz durchkneten und in zwei Stücke teilen. Jeweils einen Laib formem, mit der Kuchenrolle in der Mitte längs eindrücken, nach einer Seite flach rollen. Das ausgerollte Teigstück nach oben klappen und festdrücken. In der Zwischenzeit den Backofen auf 220 Grad (Gas: 4) vorheizen. Die beiden Stollen auf ein Blech setzen, anfangs bei 220 Grad, nach 15 Minuten 175–200 Grad (Gas: etwa 3) etwa 50 Minuten backen. Die Stollen mit flüssigem Butterschmalz begießen und zuckern.

MARZIPANSTANGEN

Für den Teig:
200 g Marzipan-Rohmasse
125 g weiche Margarine oder Butter
100 g Zucker
1 Päckchen Vanillin-Zucker
Salz
abgeriebene Schale von 1 Zitrone (unbehandelt)
2 Eier
200 g Weizenmehl
1 gestr. TL Backpulver

Für den Guß:
100 g Halbbitter-Kuvertüre
etwas Kokosfett

Die Marzipan-Rohmasse mit einem Handrührgerät mit Rührbesen geschmeidig rühren. Die Margarine oder Butter hinzufügen und auf höchster Stufe in etwa 1/2 Minute geschmeidig rühren. Nach und nach Zucker, Vanillin-Zucker, Salz und Zitronenschale unterrühren. So lange rühren, bis eine gebundene Masse entstanden ist. Die Eier nach und nach unterrühren (jedes Ei etwa 1/2 Minute). Das Weizenmehl mit dem Backpulver mischen, sieben und eßlöffelweise auf mittlerer Stufe unterrühren. Den Teig in einen Spritzbeutel mit kleiner Lochtülle füllen und 5 cm lange spiralförmige Stangen auf ein mit Backpapier belegtes Backblech spritzen. In den vorgeheizten Backofen schieben.
Strom: 175–200 Grad
Gas: 3–4
Backzeit: 8–10 Minuten.

Für den Guß die Kuvertüre mit dem Kokosfett in einem kleinen Topf im Wasserbad bei schwacher Hitze zu einer geschmeidigen Masse verrühren. Die Hälfte der erkalteten Stangen damit verzieren (mit Hilfe eines Pergamentpapiertütchens). Die übrigen Stangen mit den Enden hineintauchen.

SPEKULATIUS

500 g Weizenmehl
2 gestrichene TL Backpulver, 250 g Zucker
1 Päckchen Vanillin-Zucker
2 Tropfen Backöl Bittermandel
je 2 Msp. gemahlener Kardamom und Nelken
1 gestrichener TL gemahlener Zimt
Salz, 2 Eier
200 g weiche Butter
100 g abgezogene, gemahlene Mandeln oder Haselnußkerne

Das Weizenmehl mit dem Backpulver mischen und in eine Rührschüssel sieben. Zucker, Vanillin-Zucker, Backöl, Kardamom, Nelken, Zimt, Salz, Eier, Butter, Mandeln oder Haselnußkerne hinzufügen. Die Zutaten mit einem Handrührgerät mit Knethaken zunächst kurz auf niedrigster, dann auf höchster Stufe gut durcharbeiten. Anschließend auf der Tischplatte zu einem glatten Teig verkneten. Sollte er kleben, ihn eine Zeitlang kalt stellen. Den Teig dünn ausrollen, mit beliebigen Formen (vor allem Tierformen) ausstechen und auf ein gefettetes Backblech legen. Werden Holzmodel benutzt, den Teig in den gut bemehlten Model drücken, den überstehenden Teig abschneiden. Die Spekulatiusstücke aus dem Model schlagen und auf ein gefettetes Backblech legen. Das Backblech in den vorgeheizten Backofen schieben.
Strom: 175–200 Grad
Gas: 3–4
Backzeit:
etwa 10 Minuten.

SCHOTTISCHE BUTTER-PLÄTZCHEN

375 g Weizenmehl
150 g brauner Rohrzucker
1 Päckchen Vanillin-Zucker
250 g weiche Butter

Das Weizenmehl in eine Rührschüssel sieben. Rohrzucker, Vanillin-Zucker und Butter hinzufügen. Die Zutaten mit einem Handrührgerät mit Knethaken zunächst kurz auf niedrigster, dann auf höchster Stufe gut durcharbeiten. Anschließend auf der Tischplatte zu einem glatten Teig verkneten. Aus dem Teig 2–2 1/2 cm dicke Rollen formen, so lange kalt stellen, bis sie hart geworden sind. Die Rollen in etwa 1/2 cm dicke Scheiben schneiden, auf ein Backblech legen, in den vorgeheizten Backofen schieben.
Strom: 175–200 Grad
Gas: 3–4
Backzeit:
etwa 10 Minuten.

NÜRNBERGER ELISENLEBKUCHEN

(Teig für etwa 40 Oblaten, Durchmesser etwa 6 cm)
75 g Orangeat oder Zitronat
125 g abgezogene Mandeln, 2 Eier
200 g Farinzucker
1 Päckchen Vanillin-Zucker
1 Msp. gemahlene Nelken
½ Fläschchen Rum-Aroma
1–2 Tropfen Backöl Zitrone
1 Msp. Backpulver
75–125 g gemahlene Haselnußkerne
Für den hellen Guß:
150 g Puderzucker
1–2 EL heißes Wasser
Für den dunklen Guß:
75 g Schokolade
10 g Kokosfett

Das Orangeat oder Zitronat sehr fein würfeln. Die Mandeln mahlen. Die Eier mit einem Handrührgerät mit Rührbesen auf höchster Stufe in 1 Minute schaumig schlagen. Den Farinzucker mit dem Vanillin-Zucker mischen, in 1 Minute einstreuen, dann noch etwa 2 Minuten schlagen. Nelken, Rum-Aroma und Backöl unterrühren. Die Mandeln mit dem Backpulver mischen, mit dem Orangeat (Zitronat) und so viel von den Haselnußkernen* kurz auf niedrigster Stufe unter die Eiercreme rühren, daß der Teig noch streichfähig ist. Auf jede Oblate einen gehäuften Teelöffel des Teiges geben. Mit einem in Wasser getauchten Messer bergförmig auf die ganze Oblate streichen. Auf ein Backblech legen.

Strom: 130–150 Grad (vorgeheizt)
Gas: 1–2 (vorgeheizt)
Backzeit: 25–30 Minuten.

Für den hellen Guß den Puderzucker sieben, mit heißem Wasser glattrühren, so daß eine dickflüssige Masse entsteht. Für den dunklen Guß die Schokolade mit dem Kokosfett in einem kleinen Topf im Wasserbad bei schwacher Hitze zu einer geschmeidigen Masse verrühren. Die Hälfte der Lebkuchen gleich nach dem Backen mit hellem und den Rest abgekühlt mit dunklem Guß bestreichen.

* Die erforderliche Menge Haselnußkerne hängt von der Größe der Eier ab.

KOKOS-MAKRONEN

3 Eiweiß
15 g Streusüße oder 2½–3 TL Flüssigsüße
200 g Kokosflocken
abgeriebene Schale von 1 Orange (unbehandelt)
28–30 Oblaten

Das Eiweiß mit einem Handrührgerät mit Rührbesen auf höchster Stufe steif schlagen. Es muß so fest sein, daß ein Messerschnitt sichtbar bleibt. Die Streusüße oder Flüssigsüße unterrühren. Die Kokosflocken mit der Orangenschale mischen und vorsichtig auf mittlerer Stufe unter den Eierschnee rühren. Von der Masse mit 2 Teelöffeln Häufchen auf die Oblaten setzen. Auf ein gefettetes Backblech legen und in den vorgeheizten Backofen schieben.

Strom: 175–200 Grad
Gas: 3–4
Backzeit: 10–12 Minuten.

FRIESISCHE WEIHNACHTSTORTE

Für den Teig:
250 g Weizenmehl
1 Msp. Backpulver
2 Päckchen Vanillin-Zucker
1 Becher (150 g) Crème fraîche
175 g weiche Butter

Für die Streusel:
150 g Weizenmehl
75 g Zucker
1 Päckchen Vanillin-Zucker
1 Msp. gemahlener Zimt
100 g kalte Butter

Für die Füllung:
500 ml (1/2 l) Schlagsahne
25 g Zucker
2 Päckchen Sahnesteif
1 Päckchen Vanillin-Zucker
450 g Pflaumenmus
gesiebter Puderzucker

Das Weizenmehl mit dem Backpulver mischen und in eine Rührschüssel sieben. Vanillin-Zucker, Crème fraîche und Butter hinzufügen. Alle Zutaten mit einem Handrührgerät mit Knethaken zunächst kurz auf niedrigster, dann auf höchster Stufe gut durcharbeiten. Anschließend auf der Tischplatte zu einem glatten Teig verkneten. Sollte er kleben, ihn eine Zeitlang kalt stellen. Den Teig in 4 gleich große Stücke teilen. Jeweils ein Teigstück auf dem gefetteten Boden einer Springform (Durchmesser etwa 28 cm) ausrollen (darauf achten, daß der Teigboden am Rand nicht zu dünn ist). Mehrmals mit einer Gabel einstechen (Foto 1), den Springformring darumlegen, schließen.
Für die Streusel das Weizenmehl in eine Schüssel sieben und mit Zucker, Vanillin-Zucker und Zimt mischen. Die Butter in Flöckchen dazugeben. Die Zutaten mit den Händen oder 2 Gabeln zu Streuseln vermengen. Die Teigböden gleichmäßig damit bedecken. Die Formen nacheinander auf dem Rost in den vorgeheizten Backofen schieben.
Strom: 200–225 Grad
Gas: 3–4
Backzeit:
etwa 15 Minuten.

Die Böden sofort nach dem Backen vom Springformboden lösen und einen der Böden in 12 Tortenstücke schneiden (Foto 2). Die Böden auf einem Kuchenrost erkalten lassen.
Für die Füllung die Schlagsahne 1/2 Minute schlagen. Zucker, Sahnesteif und Vanillin-Zucker einstreuen. Die Sahne steif schlagen und in einen Spritzbeutel mit gezackter Tülle füllen.
Die 3 unzerteilten Böden zunächst mit jeweils 1/3 von dem Pflaumenmus bestreichen. Die Schlagsahne darauf spritzen (Foto 3). Mit dem geschnittenen Boden zu einer Torte zusammensetzen. Die Torte mit dem Puderzucker bestäuben, kalt stellen und vor dem Verzehr mit einem Sägemesser schneiden.

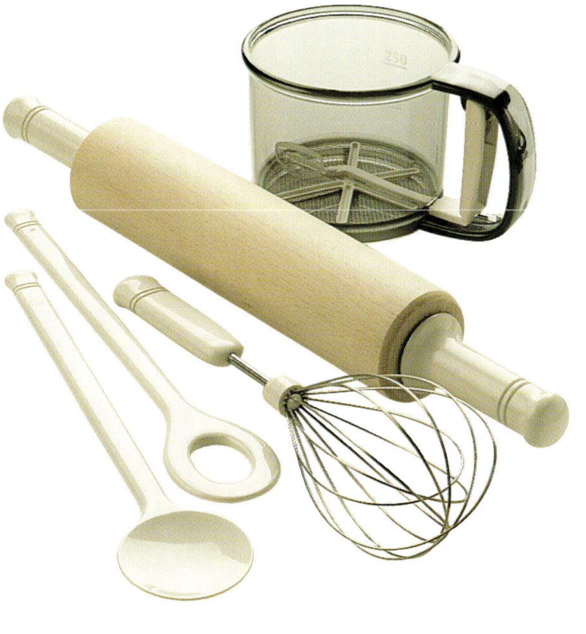

NIKOLAUSSTIEFEL

Für den Teig:
125 g Honig
50 g Zucker
1 Päckchen Vanillin-Zucker
60 g Butter
1 Eigelb
1 Msp. gemahlener Zimt
1 Msp. gemahlene Nelken
250 g Weizenmehl
2 gestr. TL Backpulver
1 gestr. TL Kakao

Zum Verzieren:
100 g Puderzucker
Eiweiß
Gebäckschmuck
Belegkirschen
abgezogene, halbierte Mandeln

Den Honig mit Zucker, Vanillin-Zucker und Butter langsam erwärmen, zerlassen, in eine Rührschüssel geben und kalt stellen. Unter die fast erkaltete Masse mit einem Handrührgerät mit Rührbesen Eigelb, Zimt und Nelken rühren. Das Weizenmehl mit dem Backpulver und dem Kakao mischen, sieben und $2/3$ davon eßlöffelweise auf mittlerer Stufe unterrühren. Den Rest des Mehls unterkneten. Den Teig gut $1/2$ cm dick ausrollen und Stiefel von gewünschter Größe (am besten nach Papierschablone) ausschneiden. Aus dem restlichen Teig Plätzchen ausstechen. Die Teigstücke auf ein gefettetes Backblech legen und in den vorgeheizten Backofen schieben.
Strom: 175–200 Grad
Gas: 3–4
Backzeit:
etwa 15 Minuten.

BUNTE SCHNEEBÄLLCHEN

Zum Verzieren den Puderzucker mit so viel Eiweiß verrühren, daß eine spritzfähige Masse entsteht. Die Stiefel mit dem Guß verzieren, mit Gebäckschmuck, Belegkirschen und Mandeln garnieren. Die Plätzchen ebenfalls verzieren.

Für den Teig:
2 Eiweiß
100 g feiner Zucker
100 g Kokosraspeln

Für den Guß:
50 g Puderzucker
2 TL Himbeerkonfitüre, durch ein Sieb gestrichen

Zum Bestreuen:
Plätzchenschmuck

Das Eiweiß zu steifem Schnee schlagen, nach und nach den Zucker unterschlagen. Die Kokosraspeln vorsichtig unterheben. Den Teig mit Hilfe von 2 Teelöffeln in Häufchen auf ein mit Backtrennpapier belegtes Backblech setzen und backen.
Strom: 125–150 Grad (vorgeheizt)
Gas: 2–3 (vorgeheizt)
Backzeit:
etwa 25 Minuten.

Die Schneebällchen nach etwa 5 Minuten vom Blech lösen. Erkalten lassen. Den gesiebten Puderzucker mit der Himbeerkonfitüre zu einem Guß rühren, in eine kleine Plastiktüte füllen. Die Spitze abschneiden und die Schneebällchen damit besprenkeln. Mit Plätzchenschmuck bestreuen.

ENGLISCHER WEIHNACHTSKUCHEN

Für den Teig:
250 g weiche Butter oder Margarine
250 g Farinzucker
1 Päckchen Bourbon Vanille-Zucker
1 Beutel Rum-Aroma
1/2 Fläschchen Backöl Zitrone
3 EL Rum
abgeriebene Schale von 1 Zitrone (unbehandelt)
1/2 TL gemahlener Zimt
1 Msp. geriebene Muskatnuß
5 Eier
250 g Weizenmehl
1 gestr. TL Backpulver
300 g verlesene Rosinen
300 g verlesene Korinthen
100 g feingehacktes Zitronat (Sukkade)
100 g feingehacktes Orangeat
50 g abgezogene, gehackte Mandeln
150 g rote, in Stücke geschnittene Belegkirschen

Zum Aprikotieren:
4 EL Aprikosen-Konfitüre

Für die Marzipandecke und den Marzipanrand:
200 g Marzipan-Rohmasse
100 g gesiebter Puderzucker

Für den Guß:
300 g gesiebter Puderzucker
1–2 Eiweiß
kandierte Früchte
Zitronat

Die Butter oder Margarine mit einem Handrührgerät mit Rührbesen auf höchster Stufe geschmeidig rühren, nach und nach Farinzucker, Vanille-Zucker, Rum-Aroma, Backöl, Rum, Zitronenschale, Zimt und Muskatnuß unterrühren. So lange rühren, bis eine gebundene Masse entstanden ist. Die Eier nach und nach unterrühren (jedes Ei etwa 1/2 Minute). Das Weizenmehl mit dem Backpulver mischen, sieben und eßlöffelweise auf mittlerer Stufe unterrühren. Zuletzt die Rosinen, Korinthen, Zitronat, Orangeat, Mandeln und die Belegkirschen unterrühren. Den Teig in eine Springform (Durchmesser 24 cm, Boden gefettet) füllen.
Strom: 150–160 Grad (vorgeheizt)
Gas: 2–3 (nicht vorgeheizt)
Backzeit: etwa 2 3/4 Stunden.
Das Gebäck aus der Form lösen.
Zum Aprikotieren die Aprikosenkonfitüre durch ein Sieb streichen. Das Gebäck sofort nach dem Backen damit bestreichen und erkalten lassen.
Für die Marzipandecke und den Marzipanrand die Marzipan-Rohmasse mit dem Puderzucker verkneten und dünn ausrollen. Eine Platte (Durchmesser 24 cm) daraus schneiden und auf das Gebäck legen. Aus dem Marzipanrest einen Streifen in Höhe des Gebäckrandes schneiden, um das Gebäck legen.
Für den Guß den Puderzucker mit soviel von dem Eiweiß verrühren, daß ein dickflüssiger Guß entsteht. Das Gebäck damit überziehen. Nach Belieben mit kandierten Früchten und Zitronat garnieren.

MARZIPAN-MONDE

(ohne Foto)

200 g Marzipan-Rohmasse
75 g gesiebter Puderzucker
150 g nicht abgezogene, gemahlene Mandeln
3 gestrichene TL Speisestärke
1 Eiweiß
30 g feingewürfeltes Zitronat (Sukkade)
2 TL Orangen-Likör
1 Beutel Zitronen-Aroma
Puderzucker

Alle Zutaten mit einem Handrührgerät mit Knethaken zunächst kurz auf niedrigster, dann auf höchster Stufe zu einer zusammenhängenden Masse verarbeiten. Den Teig auf der mit Puderzucker bestäubten Tischplatte knapp 1 cm dick ausrollen. Halbmonde ausstechen und auf ein mit Papier belegtes Backblech legen. In den vorgeheizten Backofen schieben.
Strom: 175–200 Grad
Gas: 2–3
Backzeit: 10–12 Minuten.
(Plätzchen müssen sich noch feucht anfühlen).
Die erkalteten Plätzchen mit Puderzucker bestäuben.

MAKRONENTORTE

Für den Teig:
5 Eier
125 g Zucker
abgeriebene Schale von 1 Zitrone (unbehandelt)
Salz
75 g Weizenmehl
75 g Speisestärke
50 g zerlassene abgekühlte Butter
Weizenmehl

Für die Füllung:
400 g Marzipan-Rohmasse
100 g gesiebter Puderzucker
250 g Aprikosen-Konfitüre
4 EL Rum

Für den Belag:
200 g Marzipan-Rohmasse
2 Eigelb
50 g gesiebter Puderzucker
1 EL Rum
etwa 200 g Aprikosen-Konfitüre
3 EL Wasser

Die Eier mit Zucker, Zitronenschale und Salz in eine Schüssel geben. Im heißen Wasserbad mit einem Handrührgerät mit Rührbesen so lange schlagen, bis eine cremige Masse entstanden ist. Die Schüssel aus dem Wasserbad nehmen und weiterschlagen, bis die Masse kalt ist. Das Weizenmehl mit der Speisestärke mischen, darübersieben und unterziehen. Zum Schluß die Butter unterrühren. Den Teig in eine Springform (Durchmesser etwa 28 cm), Boden gefettet, mit Weizenmehl bestäubt, füllen und glattstreichen. Die Form auf dem Rost in den vorgeheizten Backofen schieben.
Strom: etwa 175 Grad
Gas: 2–3
Backzeit:
etwa 40 Minuten.
Sofort nach dem Backen den Tortenboden aus der Form lösen, auf einen Kuchenrost stürzen und über Nacht erkalten lassen. Dann den Tortenboden zwei- bis dreimal durchschneiden (Foto 1). Für die Füllung die Marzipan-Rohmasse mit Puderzucker, Aprikosen-Konfitüre und Rum zu einer geschmeidigen Masse verkneten. 1/4 von der Füllung abnehmen und beiseite stellen. Mit der restlichen Marzipanmasse die Böden bestreichen, zu einer Torte zu-

sammensetzen (Foto 2). Die Torte ganz mit der zurückgelassenen Marzipanmasse einstreichen. Für den Belag die Marzipan-Rohmasse mit Eigelb, Puderzucker und Rum zu einer spritzfähigen Masse verrühren. In einen Spritzbeutel füllen und die Torte damit verzieren (Foto 3). Die Torte etwa 30 Minuten stehenlassen, damit die Marzipanmasse etwas antrocknen kann. Die Torte unter den vorgeheizten Grill schieben und goldbraun überbacken. Die Aprikosen-Konfitüre mit dem Wasser unter Rühren zum Kochen bringen. Die etwas abgekühlte Torte ganz damit bestreichen.

ZIMTKUCHEN

(ohne Foto)

250 g weiche Butter
250 g Zucker
1 Päckchen Vanillin-Zucker
4 Eier
4 Tropfen Backöl Zitrone
1 gehäufter TL gemahlener Zimt
250 g Weizenmehl
3 gestrichene TL Backpulver
125 g verlesene Korinthen
125 g verlesene Rosinen
125 g gemahlene Mandeln

Die Butter geschmeidig rühren. Nach und nach Zucker, Vanillin-Zucker, Eier, Backöl und Zimt unterrühren. Das Weizenmehl mit dem Backpulver mischen, sieben und eßlöffelweise unterrühren. Die Korinthen, Rosinen und Mandeln unter den Teig heben. Den Teig in eine gefettete Napfkuchenform (Durchmesser 22 cm) füllen.
Strom: 165–175 Grad (vorgeheizt)
Gas: 2–3 (nicht vorgeheizt)
Backzeit: 70–80 Minuten.

QUARKSTOLLEN

500 g Rosinen
100 ml Rum
500 g Weizenmehl
1 Päckchen Backpulver
150 g Zucker
1 Päckchen Vanillin-Zucker
Salz
4 Tropfen Backöl Bittermandel
je 1 Msp. gemahlene Nelken
gemahlener Kardamom
gemahlener Ingwer
gemahlene Muskatnuß
gemahlener Zimt
etwas abgeriebene gelbe Orangenschale (unbehandelt)
2 Eier
175 g weiche Butter
250 g Speisequark
250 g abgezogene, gemahlene Mandeln
150 g gewürfeltes Zitronat (Sukkade)
100 g gewürfeltes Orangeat
100 g zerlassene Butter
50 g Puderzucker

Die Rosinen verlesen und mit Rum beträufeln. Mehrere Stunden (am besten über Nacht) stehenlassen. Das Weizenmehl mit dem Backpulver mischen und in eine Rührschüssel sieben. Zucker, Vanillin-Zucker, Salz, Backöl, Nelken, Kardamom, Ingwer, Muskatnuß, Zimt, Orangenschale, Eier, Butter und Speisequark hinzufügen. Die Zutaten mit einem Handrührgerät mit Knethaken zunächst kurz auf niedrigster, dann auf höchster Stufe durcharbeiten. Anschließend auf der Tischplatte Mandeln, Zitronat, Orangeat und die Rosinen unterkneten und alles zu einem glatten Teig verkneten. Den Teig zu einem Stollen formen und auf ein mit Papier belegtes Backblech legen.
Strom: 160–180 Grad (vorgeheizt)

VANILLE-ZITRUS-STERNE

Gas: 2–3 (vorgeheizt)
Backzeit: 50–60 Minuten.
Den Stollen sofort nach dem Backen mit zerlassener Butter bestreichen und mit Puderzucker bestäuben.

Für den Mürbeteig:
200 g Butter
400 g Weizenmehl
120 g Zucker
2 Eier
4 Päckchen Zitronenschalenaroma
Mark von 2 Vanilleschoten
3–4 TL Zitronensaft
1 Prise Salz
Zum Verzieren:
2 Eigelb
2 EL Schlagsahne
100 g Hagelzucker

Die kalte Butter in kleine Stücke schneiden und mit den restlichen Zutaten rasch zu einem Mürbeteig verkneten. Etwa 1 Stunde abgedeckt kühl stellen. Den Teig auf einer mit Mehl bestäubten Arbeitsplatte 4–5 mm dick ausrollen. Sterne in verschiedenen Größen ausstechen und auf ein mit Backtrennpapier ausgelegtes Blech legen.
Das Eigelb mit der Sahne verrühren, die Sterne damit bestreichen und den Hagelzucker daraufstreuen. Im Ofen bei 200 Grad (Gas: 3–4) etwa 10 Minuten hellbraun backen.

TRÜFFELTORTE

Für den Teig:
4 Eier, 175 g Zucker
3–4 EL heißes Wasser
1 Päckchen Vanillin-Zucker
100 g Weizenmehl
100 g Speisestärke
30 g Kakao
3 gestrichene TL Backpulver
Für die Füllung:
125 g Butter
150 g Puderzucker
100 g Kakao, 1 Ei
1 Fläschchen Rum-Aroma
2 EL Wasser
1 Päckchen Vanillin-Zucker
Für den Guß:
100 g Schokolade
etwas Kokosfett
75 g Schokoladenstreusel

Die Eier mit dem Wasser mit einem Handrührgerät mit Rührbesen auf höchster Stufe in 1 Minute schaumig schlagen. Den Zucker mit dem Vanillin-Zucker mischen, in 1 Minute einstreuen, dann noch etwa 2 Minuten schlagen. Das Weizenmehl mit Speisestärke, Kakao und Backpulver mischen. Die Hälfte auf die Eiercreme sieben und kurz auf niedrigster Stufe unterrühren. Den Rest des Mehl-Gemisches auf dieselbe Weise unterarbeiten. Den Teig in eine Springform (Durchmesser etwa 28 cm, Boden gefettet, mit Pergamentpapier belegt) füllen, die Form auf dem Rost in den vorgeheizten Backofen schieben.
Strom: 175–200 Grad
Gas: 3–4
Backzeit:
20–30 Minuten.
Den Tortenboden gut auskühlen lassen.
Für die Füllung die Butter geschmeidig rühren. Puderzucker mit Kakao mischen, sieben, nach und nach abwechselnd mit Ei und Rum-Aroma unterrühren. 16 Teelöffel von der Masse abnehmen, jedesmal so viel, daß sich aus einem Teelöffel eine kirschgroße Kugel formen läßt, die Masse kalt stellen. Unter den Rest der Füllung das Wasser und den Vanillin-Zucker rühren. Den Tortenboden zweimal durchschneiden und mit der Kakaomasse füllen.
Für den Guß die Schokolade in kleine Stücke brechen und mit dem Kokosfett in einem kleinen Topf im Wasserbad bei schwacher Hitze zu einer geschmeidigen Masse verrühren. Die Torte gleichmäßig damit überziehen. Den Rand und einen 2 cm breiten Rand auf der Torte mit Schokoladenstreuseln bestreuen. Aus der kalt gestellten Masse 16 Kugeln formen, in den restlichen Schokoladenstreuseln wälzen und kranzförmig auf die Torte legen.

GEWÜRZ-MÜRBCHEN

250 g Weizenmehl
1 gut gehäufter EL Zucker
1 Päckchen Vanillin-Zucker
1 Fläschchen Rum-Aroma
1 Msp. gemahlener Zimt
1 Msp. gemahlene Nelken
2 EL Schlagsahne
1 Eiweiß
150 g weiche Butter
1 Eigelb
1 EL Milch
Hagelzucker

Das Weizenmehl in eine Rührschüssel sieben. Zucker, Vanillin-Zucker, Rum-Aroma, Zimt, Nelken, Sahne, Eiweiß und Butter hinzufügen. Die Zutaten mit einem Handrührgerät mit Knethaken zunächst kurz auf niedrigster, dann auf höchster Stufe gut durcharbeiten. Anschließend auf der Tischplatte zu einem glatten Teig verkneten. Den Teig knapp 1/2 cm dick ausrollen, mit beliebigen Formen Plätzchen ausstechen und auf ein Backblech legen. Das Eigelb mit der Milch verschlagen. Die Teigplätzchen damit bestreichen. Mit Hagelzucker bestreuen und im vorgeheizten Backofen goldgelb backen.

Strom: 175–200 Grad
Gas: 3–4
Backzeit: 10–15 Minuten.

ZIMTSTERNE

Für den Teig:
3 Eiweiß
250 g Puderzucker
1 Päckchen Vanillin-Zucker
3 Tropfen Backöl Bittermandel
1 gestr. TL gemahlener Zimt
275–325 g gemahlene Mandeln
Zum Ausrollen:
gemahlene Mandeln
Puderzucker

Das Eiweiß zu steifem Schnee schlagen. Er muß so fest sein, daß ein Messerstich sichtbar bleibt. Darunter nach und nach eßlöffelweise den gesiebten Puderzucker schlagen. Zum Bestreichen der Sterne 2 gut gehäufte Eßlöffel Eierschnee abnehmen. Unter den übrigen Eierschnee Vanillin-Zucker, Gewürze und die Hälfte der Mandeln unterrühren. Von dem Rest der Mandeln so viel unterkneten, daß der Teig kaum noch klebt. Den Teig auf der mit Mandeln oder gesiebten Puderzukker bestreuten Tischplatte etwa 1/2 cm dick ausrollen. Die Sterne ausstechen und auf ein mit gut gefettetem Pergamentpapier belegtes Backblech legen. Die Sterne sorgfältig mit dem zurückgelassenen Eierschnee bestreichen, der Guß muß so sein, daß er sich glatt auf das Gebäck streichen läßt, evtl. einige Tropfen Wasser unterrühren.
Strom: 130–150 Grad
Gas: 1–2
Backzeit: 20–30 Minuten.

ZITRONEN-HERZEN

Für den Teig:
3 Eigelb, 125 g Zucker
1 Päckchen Vanillin-Zucker
abgeriebene Schale von 1/2 Zitrone (unbehandelt)
1 Msp. Backpulver
200–250 g abgezogene, gemahlene Mandeln
Puderzucker
Für den Guß:
100 g Puderzucker
1–1 1/2 EL Zitronensaft

Eigelb, Zucker und Vanillin-Zucker mit einem Handrührgerät mit Rührbesen auf höchster Stufe in etwa 1 Minute cremig schlagen. Zitronenschale, Backpulver und so viel von den Mandeln unterrühren, daß ein fester Brei entsteht. Von dem Rest der Mandeln so viel unterkneten, daß der Teig kaum noch klebt. Den Teig auf einer mit Puderzucker bestäubten Tischplatte etwa 1/2 cm dick ausrollen, Herzen ausstechen, auf ein mit Backpapier belegtes Backblech legen und in den Backofen schieben.
Strom: 175–200 Grad (vorgeheizt)
Gas: 3–4 (vorgeheizt)
Backzeit:
etwa 10 Minuten.
Für den Guß den Puderzucker sieben und mit Zitronensaft glattrühren, so daß eine dickflüssige Masse entsteht. Sofort nach dem Backen die Plätzchen damit bestreichen.

HONIGKRANZ

(ohne Foto)

250 g Honig
1 Päckchen Vanillin-Zucker
150 g Butter
2 Eier
3 EL Aprikosenkonfitüre
2 gestrichene TL gemahlener Zimt
je 1 Msp. gemahlene Nelken und gemahlener Kardamom
2 Tropfen Backöl Bittermandel
1 Fläschchen Rum-Aroma
375 g Weizenmehl
2 gestrichene EL Kakao
4 gestrichene TL Backpulver
100 g abgezogene, gehackte Mandeln
125 g verlesene Korinthen

Den Honig mit dem Vanillin-Zucker und der Butter langsam erwärmen, zerlassen und kalt stellen. Unter die fast erkaltete Masse nach und nach mit einem Handrührgerät mit Rührbesen auf höchster Stufe die Eier, die Aprikosenkonfitüre, Zimt, Nelken, Kardamom, Backöl und Rum-Aroma rühren. Das Weizenmehl, Kakao und Backpulver mischen, sieben und eßlöffelweise auf mittlerer Stufe unterrühren. Die Mandeln und Korinthen unterrühren. Den Teig in eine gefettete Kranzform (Durchmesser etwa 24 cm) füllen.
Strom: 175–200 Grad (vorgeheizt)
Gas: 3–4 (nicht vorgeheizt)
Backzeit:
etwa 40 Minuten.

WIENER MOHN-STRUDEL

(ohne Foto)

Für den Teig:
200 g Weizenmehl, Salz
5 EL lauwarmes Wasser
50 g zerlassene Butter
oder 3 EL Speiseöl
Für die Füllung:
250 g Mohn
125 g Zucker
1 Päckchen Vanillin-Zucker
4 Tropfen Backöl Zitrone
1/2 gestrichener TL gemahlener Zimt
100 g Butter
250 ml (1/4 l) heiße Milch
50 g Rosinen
Puderzucker, Mohn

Das Weizenmehl auf die Tischplatte sieben, eine Vertiefung eindrücken. Das Salz hineingeben. Nach und nach Wasser, Butter oder Speiseöl mit einem Teil des Mehls zu einem dicken Brei verarbeiten. Von der Mitte aus alle Zutaten schnell zu einem glatten Teig verkneten. Den Teig auf Pergamentpapier in einen heißen, trockenen Kochtopf (vorher Wasser darin kochen) legen. Mit einem Deckel verschließen und 1/2 Stunde ruhen lassen. Für die Füllung den Mohn mahlen und mit Zucker, Vanillin-Zucker, Backöl und Zimt mischen. Die Hälfte der Butter zerlassen, mit so viel von der heißen Milch unterrühren, daß die Masse streichfähig, aber nicht zu weich ist und kalt stellen. Die restliche Butter zerlassen. Den Strudelteig etwas auf einem bemehlten, großen, weißen Tuch (Tischtuch) ausrollen, dünn mit etwas von dem Fett bestreichen. Dann mit den Händen zu einem Rechteck von 50x70 cm ausziehen. Er muß durchsichtig sein, die Ränder, wenn sie dicker sind, abschneiden. 2/3 der zerlassenen Butter darauf streichen. Auf 2/3 des Teiges die Mohnmasse streichen (von der kürzeren Seite ausgehend, an den längeren Seiten etwa 3 cm frei lassen). Die Rosinen verlesen und darauf verteilen. Die freigebliebenen Teigränder auf die Füllung schlagen. Den Teig von der kürzeren Seite her, mit der Füllung beginnend, aufrollen. An den Enden gut zusammendrücken. Auf ein gefettetes Backblech legen. Mit Butter bestreichen und in den vorgeheizten Backofen schieben.
Strom: 175–200 Grad
Gas: 3–4
Backzeit: 45–55 Minuten.
Während des Backens den Strudel mit der restlichen Butter bestreichen. Den fertigen Strudel mit Puderzucker bestäuben und mit Mohn bestreuen.

NUSS-STANGEN

Für den Teig:
200 g Weizenmehl
40 g Zucker
1 Päckchen Vanillin-Zucker
Salz
2 Eigelb
100 g weiche Butter

Für den Belag:
125 ml (1/8 l) Wasser
100 g Zucker
400 g gemahlene Haselnußkerne
4 EL Rum
200 g gesiebter Puderzucker
etwa 1 1/2 Eiweiß

Das Weizenmehl in eine Rührschüssel sieben. Zucker, Vanillin-Zucker, Salz, Eigelb und Butter hinzufügen. Die Zutaten mit einem Handrührgerät mit Knethaken zunächst kurz auf niedrigster, dann auf höchster Stufe gut durcharbeiten, anschließend auf der Tischplatte zu einem glatten Teig verkneten. Sollte er kleben, ihn eine Zeitlang kalt stellen. Den Teig zu einem Rechteck von etwa 40x30 cm ausrollen. Für den Belag das Wasser mit dem Zucker zum Kochen bringen, kochen, bis der Zucker aufgelöst ist und von der Kochstelle nehmen. Die Haselnußkerne und den Rum unterrühren, etwas abkühlen lassen und auf den Teig streichen. Den Puderzucker mit dem Eiweiß zu einer dickflüssigen Masse verrühren und auf die Nußmasse streichen, in Streifen von etwa 6x1 1/2 cm schneiden, auf ein mit Back-Trennpapier belegtes Backblech legen und in den vorgeheizten Backofen schieben.
Strom: etwa 175 Grad
Gas: etwa 3
Backzeit:
12–15 Minuten.

Sollte beim Backen etwas von dem Guß am Teigrand herunterlaufen, ihn mit einem Messer abschneiden.

VOLLWERTGEBÄCK

Kuchen aus vollem Schrot und Korn ist ein gesunder Genuß. Knusprige, nussige Gebäcke aus verschiedenen Getreidearten, mit naturbelassenen Zutaten zubereitet, schmecken einfach köstlich.

Die Palette reicht von fruchtigen Kuchen bis hin zu Plätzchen und Kleingebäcken

ERDBEER-QUARK-ROULADE

6 Eiweiß
3 EL Wasser
Meersalz
6 Eigelb
8 EL Birnendicksaft
125 g Weizenvollkornmehl
1 gestrichener TL Backpulver, Sucanat
Für die Füllung:
500 g Erdbeeren
4 EL Ahornsirup
375 ml (3/8 l) Schlagsahne
2 Päckchen Sahnesteif
250 g Quark, 40%

Eiweiß, Wasser und Meersalz mit einem Handrührgerät mit Rührbesen auf höchster Stufe in etwa 4 Minuten sehr steif schlagen. Eigelb mit dem Birnendicksaft verrühren. Das Weizenvollkornmehl mit dem Backpulver mischen. Die Hälfte auf die Eigelbmasse geben und kurz unterrühren. Den Rest des Mehl-Gemisches mit der Eigelbmasse unter das steifgeschlagene Eiweiß rühren. Den Teig etwa 1 cm dick auf ein mit Backtrennpapier belegtes Backblech streichen. An der offenen Seite des Bleches das Papier unmittelbar vor dem Teig zur Falte knikken. In den vorgeheizten Backofen schieben.
Strom: 200–225 Grad
Gas: 3–4
Backzeit:
10–15 Minuten.
Den Biskuit sofort nach dem Backen auf ein mit Sucanat bestreutes Geschirrtuch stürzen. Das Backpapier mit kaltem Wasser bestreichen, vorsichtig aber schnell abziehen. Den Biskuit sofort von der kürzeren Seite her aufrollen und kalt stellen. Für die Füllung die Erdbeeren waschen, gut abtropfen lassen, entstielen, in Stücke schneiden und mit Ahornsirup beträufeln. Die Schlagsahne fast steif schlagen. Das Sahnesteif einstreuen und

die Sahne steif schlagen. Den Quark unter die Sahne heben. Unter 2/3 der Quark-Sahne-Masse die Erdbeerstücke heben. Die Rolle vorsichtig auseinanderrollen, mit der Erdbeer-Quark-Sahne-Masse gleichmäßig bestreichen und aufrollen. Mit der restlichen Quark-Sahne-Masse bestreichen und im Kühlschrank durchkühlen lassen.

SESAMSCHNITTEN

150 g Sesamsaat
80 g weiche Butter
150 g flüssiger Honig
abgeriebene Schale von 1 unbehandelten Zitrone
1/2 TL gemahlener Zimt
1 Prise Meersalz
1 Msp. Kardamom
1 Msp. gemahlene Nelken
1 Ei
50 g Gerstenmehl
100 g Weizenvollkornmehl
3 EL Sesamsaat

Sesamsaat unter Rühren, ohne Fett in einer Pfanne goldgelb rösten und kalt stellen. Die Butter mit einem Handrührgerät mit Rührbesen auf höchster Stufe geschmeidig rühren. Honig, Zitronenschale, Zimt, Meersalz, Kardamom und gemahlene Nelken unterrühren. So lange rühren, bis eine gebundene Masse entstanden ist. Das Ei in etwa 1/2 Minute unterrühren. Das Gerstenmehl, Weizenvollkornmehl und die geröstete Sesamsaat mischen und eßlöffelweise unterrühren. Den Teig etwa 1 Stunde abgedeckt ruhen lassen und danach auf ein gefettetes Backblech streichen. Mit Sesamsaat bestreuen. Das Backblech in den vorgeheizten Backofen schieben.
Strom: 175–200 Grad
Gas: 2–3
Backzeit:
13–18 Minuten.

QUARK-STACHELBEER-KUCHEN

Für den Teig:
100 g Sesamsaat
100 g Weizenvollkornmehl
100 g Dinkelmehl
Meersalz
1/2 TL Bourbon-Vanille
60 g weiche Butter
3 EL Milch
100 g flüssiger Honig
3 EL Sesamsaat

Für die Füllung:
250 g Magerquark
1 Ei
120 g flüssiger Honig
2 EL Milch
abgeriebene Schale von 1 Zitrone (unbehandelt)
1 EL Zitronensaft
400 g gedünstete Stachelbeeren
150 g Heidelbeeren

Die Sesamsaat unter Rühren ohne Fett in der Pfanne rösten und kalt stellen. Die Sesamsaat, das Weizenvollkornmehl, Dinkelmehl, Meersalz, Bourbon-Vanille, Butter, Milch und Honig in eine Rührschüssel geben. Mit einem Handrührgerät mit Knethaken auf niedrigster Stufe zu einer krümeligen Masse verarbeiten. Von der Krümelmasse 3 Eßlöffel abnehmen und mit 3 Eßlöffeln Sesamsaat mischen. Den restlichen Teig in eine gefettete Form (Durchmesser etwa 26 cm) geben und leicht andrücken.
Für die Füllung Magerquark, Ei, Honig, Milch, Zitronenschale und Zitronensaft mit einem Handrührgerät auf mittlerer Stufe cremig rühren und auf den Teig streichen. Die Stachelbeeren kranzförmig auf der Füllung verteilen. In die Mitte die Heidelbeeren geben. Mit den Sesamstreuseln bestreuen. Die Form auf dem Rost in den vorgeheizten Backofen schieben.
Strom: 175–200 Grad
Gas: 3–4
Backzeit:
40–50 Minuten.

GEWÜRZBROT

1 kg Weizenvollkornmehl
2 Päckchen Trocken-Backhefe
3 TL Meersalz
1 EL gemahlener Koriander
1/2 EL Fenchelsamen
1/2 EL ganzer Anis
2 EL ganzer Kümmel
1 Ei
650 ml lauwarmes Wasser
1 Eigelb
1 EL Wasser

Das Weizenvollkornmehl in eine Rührschüssel geben und mit der Trocken-Backhefe sorgfältig mischen. Meersalz, Koriander, Fenchelsamen, Anis, Kümmel, Ei und Wasser hinzufügen. Die Zutaten mit den Knethaken des Handrührgerätes oder der Küchenmaschine zunächst auf niedrigster, dann auf mittlerer Stufe in etwa 5 Minuten verkneten. An einem warmen Ort so lange gehen lassen, bis er sich sichtbar vergrößert hat. Nochmals gut durchkneten. Den Teig in drei gleich große gefettete Kastenformen geben. Das Eigelb mit dem Wasser verschlagen und die Brote damit bestreichen. Die Formen auf dem Rost in den vorgeheizten Backofen schieben.
Strom: 200–225 Grad
Gas: 3–4
Backzeit:
40–60 Minuten.

SANDDORNTORTE

Für den Teig:
4 Eier, 4 EL heißes Wasser
Meersalz
130 g flüssiger Honig
130 g Weizenvollkornmehl
1/4 TL Backpulver
40 g gemahlene Haselnußkerne
40 g zerlassene Butter
Für die Füllung:
500 g Magerquark
120 g flüssiger Honig
120 g Sanddorn (ungesüßt, aus dem Reformhaus)
3 TL abgeriebene Orangenschale (unbehandelt)
6 Blatt weiße Gelatine
4 EL kochend heißes Wasser
500 ml (1/2 l) Schlagsahne
1 Päckchen Sahnesteif
100 g gehackte Pistazien

Eier, Wasser und Meersalz mit einem Handrührgerät mit Rührbesen auf höchster Stufe in 1 Minute schaumig schlagen. Nach und nach den Honig in 1 Minute unterschlagen, dann noch 2 Minuten schlagen. Das Weizenvollkornmehl mit dem Backpulver mischen und eßlöffelweise auf die Eier-Honig-Masse geben. Die Haselnußkerne und die Butter hinzufügen. Die Zutaten locker unterheben. Den Teig in eine mit Backtrennpapier ausgelegte Springform (Durchmesser etwa 28 cm) füllen. Die Form auf den Rost in den vorgeheizten Backofen schieben.
Strom: etwa 175 Grad
Gas: 2–3
Backzeit:
30–40 Minuten.
Den ausgekühlten Tortenboden einmal waagerecht durchschneiden. Für die Füllung den Magerquark und den Honig mit einem Handrührgerät mit Rührbesen cremig rühren. Den Sanddorn und die Orangenschale unter die Quarkmasse rühren. Die Gelatine in kaltem Wasser 5 Minuten einweichen. Die gut ausgedrückte Gelatine in kochend heißem Wasser auflösen, etwas abkühlen lassen und in die Sanddorn-Quark-Masse rühren. Dicklich werden lassen. Die Hälfte der Schlagsahne steif schlagen und unter die Sanddorn-Quark-Masse heben. Den unteren Boden auf eine Tortenplatte legen, den mit Pergamentpapierstreifen ausgelegten Springformrand darum legen und schließen. Die Creme gleichmäßig auf dem Tortenboden verteilen. Den zweiten Boden darauf setzen. Abgedeckt im Kühlschrank durchkühlen lassen. Den Springformrand und das Pergamentpapier vorsichtig mit einem Messer lösen. Die restliche Schlagsahne mit dem Sahnesteif steif schlagen und die Torte damit bestreichen. Mit Pistazien bestreuen.

NUSS-SPRITZGEBÄCK

100 g weiche Butter
100 g flüssiger Honig
1 Ei
1 Prise Bourbon-Vanille
250 g Weizenvollkornmehl
100 g gemahlene Haselnußkerne

Die Butter mit einem Handrührgerät mit Rührbesen auf höchster Stufe in etwa 1/2 Minute geschmeidig rühren. Nach und nach den Honig unterrühren. Das Ei in etwa 1/2 Minute unterrühren. Bourbon-Vanille, Weizenvollkornmehl und Haselnußkerne hinzufügen. Auf mittlerer Stufe die Zutaten zu einem glatten Teig verarbeiten, auf der Tischplatte zu einer Rolle formen, diese in eine Gebäckpresse geben und auf ein bemehltes Backblech spritzen. Das Blech in den vorgeheizten Backofen schieben.
Strom: 175–200 Grad
Gas: 3–4
Backzeit: 10–12 Minuten.

KANADISCHER APFELKUCHEN

Für den Teig:
150 g weiche Butter
75–100 g Ahornsirup
Mark aus 1 Vanilleschote
Meersalz
3 Eier
50 g feingemahlener Dinkel oder Weizen
1 gehäufter TL Backpulver
125 g feine Haferflocken
600–750 g mürbe Äpfel
50 g ungeschwefelte Sultaninen
50 g Butterflöckchen
40 g abgezogene, gehobelte Mandeln

Für den Teig die Butter mit einem Handrührgerät mit Rührbesen auf höchster Stufe in etwa 1/2 Minute geschmeidig rühren. Nach und nach Ahornsirup, das Mark aus der Vanilleschote und Meersalz unterrühren. So lange rühren, bis eine gebundene Masse entstanden ist. Die Eier nach und nach unterrühren (jedes Ei etwa 1/2 Minute). Den Dinkel oder Weizen mit dem Backpulver mischen, mit den Haferflocken vermengen und eßlöffelweise auf mittlerer Stufe unterrühren. 2/3 des Teiges in eine gut gefettete Spring- oder Pieform (Durchmesser etwa 28 cm) geben und glattstreichen. Die Äpfel schälen, vierteln, entkernen, in kleine Stücke schneiden und auf dem Teig verteilen (Foto 1). Die Sultaninen darüberstreuen. Den restlichen Teig mit Hilfe von 2 Teelöffeln in Häufchen auf den Äpfeln verteilen (Foto 2). Mit Butterflöckchen belegen. Die Mandeln darüberstreuen. Die Form auf dem Rost in den vorgeheizten Backofen schieben.
Strom: 175–200 Grad
Gas: 3–4
Backzeit:
50–60 Minuten.

Beigabe: Geschlagene Sahne mit 1 Eßlöffel Ahornsirup gesüßt.

VOLLWERT-MAKRONEN

2 Eiweiß
110 g flüssiger Honig
40 g Vollkorngrieß
110 g Kokosraspeln
1 TL feingeschnittenes Zitronat
1 TL feingeschnittenes Orangeat
1½ TL gemahlener Zimt
2 EL Zitronensaft
Backoblaten (Durchmesser etwa 4 cm)
Zitronatstreifen

Das Eiweiß mit einem Handrührgerät mit Rührbesen auf höchster Stufe steif schlagen, den Honig zugeben, weiter steif schlagen. Den Vollkorngrieß, Kokosraspeln, Zitronat, Orangeat, Zimt und Zitronensaft hinzufügen. Locker unter die Eiweißmasse heben, mit zwei Teelöffeln kleine Häufchen auf die Backoblaten geben. Dann auf ein mit Backtrennpapier belegtes Backblech setzen. Mit Zitronatstreifen garnieren. Das Backblech in den vorgeheizten Backofen schieben.
Strom: etwa 175 Grad
Gas: 2–3
Backzeit:
15–20 Minuten.

WIENER GEDECKTE APFELTORTE

Für den Teig:
100 g feingemahlener Roggen
200 g Weizenvollkornmehl
3 EL flüssiger Honig
Meersalz
1 Ei
125 g weiche Butter

Für die Apfelfüllung:
100 g ungeschwefelte Rosinen
etwa 2 kg Äpfel
1 EL Wasser
3 TL flüssiger Honig
Saft von 1 Zitrone
1/2 TL gemahlener Zimt
100 g Walnußkerne
1/2 Eigelb
1 EL Milch

Für den Teig den Roggen und das Weizenvollkornmehl mischen, in eine Rührschüssel geben. Honig, Meersalz, Ei und Butter hinzufügen. Die Zutaten mit einem Handrührgerät mit Knethaken zunächst auf niedrigster, dann auf höchster Stufe gut durcharbeiten. Anschließend auf der Tischplatte zu einem glatten Teig verkneten. Sollte er kleben, im Kühlschrank abgedeckt kalt stellen. Ein Drittel des Teiges auf dem gefetteten Boden einer Springform (Durchmesser etwa 26 cm) ausrollen und mehrmals mit der Gabel einstechen. Mit dem Springformrand auf dem Rost in den vorgeheizten Backofen schieben.
Strom: etwa 200 Grad
Gas: 3–4
Backzeit: 15–20 Minuten.
Für die Apfelfüllung die Rosinen verlesen. Die Äpfel schälen, vierteln, entkernen und in kleine Stücke schneiden. Mit den Rosinen, Wasser, Honig, Zitronensaft und Zimt knapp gar dünsten, abkühlen lassen. Den übrigen Teig zu einer Platte in der Größe der Springform ausrollen. Den Rest zu einer Rolle formen, sie als Rand auf den vorgebackenen Boden legen und so an die Form drücken, daß ein etwa 3 cm hoher Rand entsteht. Die Füllung auf den Boden streichen. Walnußkerne hacken und darüberstreuen. Die Teigplatte darauf legen. Das Eigelb mit der Milch verquirlen. Die Teigplatte damit bestreichen. Mit einer Gabel mehrmals einstechen. Die Form auf dem Rost in den vorgeheizten Backofen schieben.
Strom: etwa 200 Grad
Gas: 3–4
Backzeit: 20–30 Minuten.

BUCHWEIZENTORTE MIT PREISELBEEREN

(ohne Foto)

Für den Teig:
6 Eier
2 EL heißes Wasser
125 g Honig
abgeriebene Schale einer 1/2 Zitrone (unbehandelt)
175 g fein gemahlener Buchweizen

Für die Füllung:
1 Päckchen Gelatine gemahlen, weiß
4 EL kaltes Wasser
2–3 EL Zitronensaft
750 ml (3/4 l) Schlagsahne
6 EL Ahornsirup
etwa 350 g Preiselbeer-Konfitüre (aus dem Glas, mit Honig gesüßt)

Die Eier und das Wasser mit einem Handrührgerät mit Rührbesen auf höchster Stufe in 1 Minute schaumig schlagen. Den Honig und die Zitronenschale in etwa 2 Minuten unterschlagen. 1/3 vom Buchweizen auf die Eiercreme geben und kurz auf niedrigster Stufe unterrühren. Den Rest des Buchweizenmehls auf dieselbe Weise unterarbeiten. Den Teig in eine Springform (Durchmesser 28 cm, Boden gefettet, mit Backpapier belegt) füllen und glattstreichen. Die Form auf dem Rost in den vorgeheizten Backofen schieben.

Strom: 175–200 Grad
Gas: 3–4
Backzeit: 30–35 Minuten.

Den Tortenboden aus der Form lösen, erkalten lassen und zweimal durchschneiden.

Für die Füllung die Gelatine mit Wasser in einem kleinen Topf anrühren. 10 Minuten zum Quellen stehenlassen. Unter Rühren erwärmen, bis sie gelöst ist. Den Zitronensaft unterrühren. Die Schlagsahne mit dem Ahornsirup steif schlagen. Die lauwarme Gelatinelösung unterschlagen. 1/4 der Sahne in einen Spritzbeutel mit Sterntülle füllen. Den unteren Tortenboden mit der Hälfte der Preiselbeer-Konfitüre bestreichen. 1/3 der Sahne darauf streichen. Mit dem zweiten Tortenboden bedekken, etwas andrücken, mit der restlichen Konfitüre (1/2 Eßlöffel zum Garnieren zurückbehalten), bestreichen. Die Hälfte der restlichen Sahne darauf streichen. Den dritten Tortenboden darauf legen, etwas andrücken, den Rand und die obere Seite der Torte mit der restlichen Sahne bestreichen. Die Torte mit der Sahne aus dem Spritzbeutel verzieren. Kurz vor dem Servieren mit der zurückgelassenen Konfitüre oder mit frischen Preiselbeeren garnieren.

NUSSECKEN

(24 Stück)

Für den Teig:
125 g Weizenvollkornmehl
50 g Buchweizenmehl
1/2 TL Backpulver
50 g flüssiger Honig
1 kleines Ei
75 g weiche Butter
2 EL Aprikosen-Konfitüre (mit Honig gesüßt)

Für den Belag:
100 g Butter
100 g Honig
75 g gemahlene Haselnußkerne
125 g gehobelte Haselnußkerne
2 TL Buchweizenmehl
50 g Edelbitter-Schokolade (mit Sucanat)
etwas Kokosfett

Das Weizenvollkornmehl und das Buchweizenmehl mit dem Backpulver mischen und in eine Rührschüssel geben. Honig, Ei und Butter hinzufügen. Die Zutaten mit einem Handrührgerät mit Knethaken zunächst kurz auf niedrigster, dann auf höchster Stufe kurz durcharbeiten. Anschließend auf der Tischplatte zu einem glatten Teig verkneten. Sollte er kleben, ihn eine Zeitlang kalt stellen. Den Teig auf einem gefetteten Backblech (32x24 cm) ausrollen und mit der Aprikosen-Konfitüre bestreichen.

Für den Belag die Butter mit dem Honig in einem Topf zerlassen und erwärmen. Die Haselnußkerne und das Buchweizenmehl hinzufügen, gut verrühren. Die Masse abkühlen lassen und auf den mit Konfitüre bestrichenen Teig streichen. Das Backblech in den vorgeheizten Backofen schieben.

Strom: etwa 175 Grad
Gas: etwa 3
Backzeit:
25–30 Minuten.

Das erkaltete Gebäck in Dreiecke schneiden. Die Edelbitter-Schokolade mit etwas Kokosfett in einem kleinen Topf im heißen Wasserbad geschmeidig rühren und die Ecken der Gebäckstücke damit bestreichen.

OBST-NUSS-TORTE

Für den Teig:
150 g sehr fein gemahlener Weizen
1 gestrichener TL Backpulver
2 EL Honig
Meersalz
1 Ei
75 g gemahlene Haselnußkerne
100 g Margarine oder Butter

Für den Belag:
600–700 g vorbereitetes Beerenobst (z.B. Erdbeeren, Himbeeren, Johannisbeeren, Brombeeren)
3–4 gehäufte EL Beeren-Gelee
30 g abgezogene, gehackte Mandeln

Für den Teig den Weizen mit dem Backpulver mischen, in eine Rührschüssel geben. Honig, Meersalz, Ei, Haselnußkerne und Margarine oder Butter hinzufügen. Die Zutaten mit dem Handrührgerät mit Knethaken zunächst kurz auf niedrigster Stufe gut durcharbeiten. Anschließend auf der Arbeitsfläche zu einem glatten Teig verkneten. Sollte er kleben, ihn eine Zeitlang kalt stellen. Den Teig zu einer Platte (29 cm Durchmesser) ausrollen, in eine gefettete Obstform (28 cm Durchmesser) legen, gut andrücken, so daß eine glatte Oberfläche entsteht. Den Teigboden mehrmals mit einer Gabel einstechen.

Strom: 170–200 Grad (vorgeheizt)
Gas: 3–4
Backzeit:
15–20 Minuten.

Das Gebäck sofort nach dem Backen auf einen Kuchenrost stürzen und erkalten lassen.

Für den Belag das Beerenobst auf dem Tortenboden verteilen. Das Beeren-Gelee unter Rühren etwas einkochen lassen und das Obst damit bestreichen. Den Rand mit Mandeln bestreuen.

BUCHWEIZENTORTE

Für den Teig:
50 g gemahlene Haselnußkerne
120 g flüssiger Honig
4 Eigelb
4 EL heißes Wasser
4 Eiweiß
Meersalz
150 g Buchweizenmehl
1 gestrichener TL Backpulver
60 g entsteinte, kleingewürfelte Datteln
Für die Füllung:
200 g Pflaumenmus
250 g Magerquark
60 g flüssiger Honig
4 EL Zwetschenwasser
$1^1/_2$ EL Zitronensaft
1 TL Bourbon-Vanille
8 Blatt weiße Gelatine
kaltes Wasser
2 EL kochendheißes Wasser
250 ml ($^1/_4$ l) Schlagsahne
2 EL geröstete Buchweizengrütze

Die Haselnußkerne unter Rühren, ohne Fett, in der Pfanne rösten und kalt stellen. Honig, Eigelb und heißes Wasser mit einem Handrührgerät mit Rührbesen auf höchster Stufe in etwa 2 Minuten schaumig rühren. Das Eiweiß mit dem Meersalz steif schlagen. Das Buchweizenmehl mit dem Backpulver mischen. Die Datteln im Mehl wenden. Die gerösteten Haselnußkerne und die übrigen Zutaten vorsichtig locker unter die Eiercreme heben. Den Teig in eine mit Backtrennpapier ausgelegte Springform (Durchmesser etwa 28 cm) füllen. Die Form auf dem Rost in den vorgeheizten Backofen schieben.
Strom: 175–200 Grad
Gas: 3–4
Backzeit: 25–30 Minuten.
Den Boden auskühlen lassen und einmal waagerecht durchschneiden. Für die Füllung das Pflaumenmus auf dem unteren Boden verstreichen. Magerquark, Honig, Zwetschenwasser, Zitronensaft und Bourbon-Vanille mit einem Handrührgerät mit Rührbesen auf höchster Stufe verrühren. Die Gelatine im dem kalten Wasser 5 Minuten einweichen. Ausdrücken, in kochendheißem Wasser auflösen und vorsichtig unter die Quarkmasse rühren. Wenn die Masse beginnt dicklich zu werden, die Schlagsahne steif schlagen. Die Hälfte unter die Quarkmasse heben, auf den Tortenboden streichen, den zweiten Tortenboden darauf legen und etwas andrücken. Den Rand und die obere Seite mit der restlichen Schlagsahne bestreichen. Den Rand nach Belieben mit der Buchweizengrütze bestreuen.

IRISCHER FRÜCHTEKUCHEN

(ohne Foto)

200 g Sultaninen
125 g Korinthen
100 g Weinbeeren
100 g gewürfeltes Zitronat
100 g gewürfeltes Orangeat
125 ml ($^1/_8$ l) Whiskey
300 g weiche Butter
250 g Honig
Meersalz
1 TL gemahlener Koriander
1 Msp. geriebene Muskatblüte
6 Eier
300 g fein gemahlener Weizen
3 gestrichene TL Backpulver
100 g unabgezogene, gemahlene Mandeln
60 g abgezogene, halbierte Mandeln
3 EL Aprikosen-Konfitüre mit Birnendicksaft

Sultaninen, Korinthen und Weinbeeren verlesen, mit Zitronat und Orangeat in eine Schüssel geben. Den Whiskey darübergießen, gut verrühren und über Nacht durchziehen lassen. Die Butter mit einem Handrührgerät mit Rührbesen auf höchster Stufe in etwa $^1/_2$ Minute geschmeidig rühren. Nach und nach Honig, Meersalz, Koriander und Muskatblüte unterrühren. So lange rühren, bis eine gebundene Masse entstanden ist. Die Eier nach und nach unterrühren (jedes Ei etwa $^1/_2$ Minute). Den Weizen mit dem Backpulver mischen und mit den gemahlenen Mandeln auf mittlerer Stufe unterrühren. Mit den Whiskey-Früchten verrühren. Den Boden einer Springform (Durchmesser etwa 22 cm) ausfetten. Innen um den Rand einen doppelten Streifen Alufolie stellen, der 6–7 cm über den Springformrand hinausragt. Den Teig in die Form füllen und glattstreichen. Die Teigoberfläche mit den halbierten Mandeln belegen und auf dem Rost in den vorgeheizten Backofen schieben.
Strom: 150–175 Grad
Gas: etwa 2
Backzeit:
2–$2^1/_4$ Stunden.
Den Kuchen aus der Form nehmen, die Alufolie abziehen. Die Aprikosen-Konfitüre durch ein Sieb streichen. Den heißen Kuchen damit bestreichen und erkalten lassen.

PIKANTES BACKEN

Herzhafte Pizzen und Gemüsekuchen mit buntem Belag, Strudel, Pasteten und knusprige Knabbereien zu Wein und Bier erobern in ihrer Vielfalt und Originalität Familienmitglieder und selbst verwöhnte Gäste.

LAUCHTORTE

1 Packung tiefgekühlter Blätterteig
1 kg Porree (Lauch)
1 Zwiebel
2 EL Speiseöl
200 ml (1/5 l) Kaffeesahne
6 Eier
Salz
Pfeffer
geriebene Muskatnuß

Den Blätterteig nach der Vorschrift auf der Packung auftauen lassen. Den Porree putzen, das dunkle Grün bis auf 10 cm entfernen. Den Porree längs halbieren, in 1–2 cm dicke Scheiben schneiden, gründlich waschen und abtropfen lassen. Die Zwiebel abziehen und fein würfeln. Das Speiseöl in einer großen Pfanne erhitzen. Die Zwiebelwürfel darin glasig dünsten lassen, den Porree hinzufügen, etwa 10–15 Minuten dünsten und erkalten lassen. Den Blätterteig auf bemehlter Unterlage ausrollen. Eine Pie- oder Springform (etwa 28 cm Durchmesser) damit auskleiden, den Rand gut andrücken. Den Boden mehrmals mit einer Gabel einstechen, den Porree darauf geben. Die Kaffeesahne mit den Eiern verschlagen. Mit Salz, Pfeffer und Muskatnuß kräftig würzen. Über den Porree gießen. Die Lauchtorte in den vorgeheizten Backofen schieben.
Strom: 200–225 Grad
Gas: etwa 4
Backzeit: 30–40 Minuten.

ZWIEBELROLLE

Für die Füllung:
1 1/4 kg Gemüsezwiebeln
200 g Schinkenspeck
2 EL Speiseöl
Salz
Pfeffer
1–2 TL Kümmel
2 gehäufte EL Semmelmehl

Für den Teig:
300 g Weizenmehl (Type 1050)
100 g feiner Roggenschrot
1 Päckchen Trocken-Backhefe
1 TL Salz
1 TL gemahlener Kümmel
3 EL Speiseöl
250 ml (1/4 l) lauwarmes Wasser
25 g zerlassene Butter

Für die Füllung die Gemüsezwiebeln abziehen, vierteln, in Scheiben schneiden. Den Schinkenspeck in Streifen schneiden. Das Speiseöl erhitzen, die Speckwürfel darin ausbraten, die Zwiebelscheiben hinzufügen, durchdünsten lassen, mit Salz und Pfeffer würzen, etwa 8 Minuten im offenen Topf dünsten, abkühlen lassen. Den Kümmel und das Semmelmehl unterrühren, mit Salz und Pfeffer abschmecken.
Für den Teig das Weizenmehl mit dem Roggenschrot und der Trocken-Backhefe sorgfältig vermischen. Salz, Kümmel, Speiseöl und lauwarmes Wasser hinzufügen. Alle Zutaten in der Küchenmaschine oder mit einem elektrischen Handrührgerät mit Knethaken zuerst auf der niedrigsten, dann auf der höchsten Stufe in etwa 5 Minuten zu einem glatten Teig verarbeiten. Den Teig an einem warmen Ort so lange gehen lassen, bis er etwa doppelt so hoch ist, ihn dann auf der Tischplatte nochmals gut durchkneten, zu einem Rechteck von etwa 35x50 cm ausrollen. Die Zwiebelmasse darauf verteilen, dabei einen etwa 2 cm breiten Teigrand frei lassen. Die Teigplatte aufrollen, mit der Nahtstelle nach unten auf ein gefettetes Backblech legen, abgedeckt an einem warmen Ort nochmals 20–30 Minuten gehen lassen. Die Teigrolle mit etwas zerlassener Butter bestreichen. Das Backblech in den vorgeheizten Backofen schieben. Die Teigoberfläche während des Backens zweimal mit der restlichen Butter bestreichen.
Strom: 200–225 Grad
Gas: etwa 4
Backzeit:
etwa 45 Minuten.

KERNIGER KRAUTSTRUDEL

Für den Teig:
250 g Weizenmehl
1 EL Sonnenblumenöl
Salz
1 Ei
125 ml (1/8 l) handwarmes Wasser

Für die Füllung:
50 g Sonnenblumenkerne
1 kleine (60 g) Zwiebel
1 kleiner (700 g) Weißkrautkopf
1 mittelgroßer (170 g) kochfester Apfel
2 TL frische Thymianblättchen
20 g Butter
1 TL Kräutersalz
weißer Pfeffer
100 ml saure Sahne (10 % Fett)
1 1/2 TL mittelscharfer Senf
2 EL Weizenmehl
2 EL Sonnenblumenöl
2 EL Semmelmehl

Zum Bestreichen:
1 EL Milch

Das Mehl auf eine Arbeitsplatte sieben. In die Mitte eine Vertiefung drücken. Das Sonnenblumenöl, das Salz, das Ei und die Hälfte des Wassers hineingeben. Von der Mitte aus mit einem Teigschaber die Zutaten mit dem Mehl vermengen, nach und nach das restliche Wasser dazugeben. Zu einem glatten, geschmeidigen Teig kneten. Eine Kugel formen und in Klarsichtfolie 1 Stunde ruhen lassen. Für die Füllung die Sonnenblumenkerne rösten. Die Zwiebel abziehen und klein würfeln. Das Weißkraut waschen und in 1/2-cm-breite Streifen schneiden. Die Zwiebel, die Weißkrautstreifen und die Apfelwürfel mit dem Thymian in der Butter 7 Minuten dünsten, mit den Sonnenblumenkernen in eine Schüssel geben. Die Gewürze mit der sauren Sahne und dem Senf verrühren. Den Backofen auf 200 Grad (Gas: 3–4) vorheizen. Den Strudelteig auf einer bemehlten Fläche rechteckig dünn ausrollen und über den beiden Handrücken ausziehen. Auf ein bemehltes Tuch legen. Mit dem Sonnenblumenöl bepinseln und dem Semmelmehl bestreuen. Die Senfsahne unter das Weißkraut mischen und 3/4 des Teiges mit der Füllung belegen. Die überstehenden Schmalseiten nach innen klappen. Den Teig von der Längsseite, durch anheben des Tuches, aufrollen. Das Teigende mit Wasser bestreichen, andrücken. Auf ein mit Backtrennpapier belegtes Blech setzen, mit der Milch bepinseln. Den Strudel 40 Minuten auf mittlerer Einschubhöhe backen. Mit buntem Salat servieren.

BLÄTTERTEIG-TASCHEN, PIKANT GEFÜLLT

Für die Füllung:
125 g Schinken
(roh oder gekocht)
100 g Käse, z.B. Gouda
1–2 EL gehackte Petersilie
300 g (1 Packung) tiefgekühlter Blätterteig
3 EL Dosenmilch

Den Schinken und den Käse in Würfel schneiden und mit der Petersilie vermengen. Den Blätterteig bei Zimmertemperatur auftauen lassen. Die Teigplatten etwa 3 mm dick ausrollen, mit einer runden Form (Durchmesser etwa 9 cm) Plättchen ausstechen. Die Ränder mit etwas von der Dosenmilch bestreichen. Die Füllung in die Mitte der Plättchen geben. Die Teigplättchen zusammenklappen und die Ränder gut festdrücken. Den Teig mit der restlichen Dosenmilch bestreichen, auf ein mit Wasser abgespültes Backblech legen und in den vorgeheizten Backofen schieben.
Strom: etwa 225 Grad
Gas: etwa 4
Backzeit:
etwa 15 Minuten.

MOHN- UND SESAM-HÖRNCHEN

500 g Weizenmehl (Type 550 oder 1050 oder gemischt)
1 Päckchen Trocken-Backhefe
50–60 g Zucker
1 gestr. TL Salz
abgeriebene Schale von 1/2 Zitrone (unbehandelt)
1 Ei, 1 Eiweiß
60 g weiche Butter
etwa 200 ml (1/5 l) lauwarme Milch
1 Eigelb, 1 EL Milch
Mohn, Sesamsamen

Das Weizenmehl in eine Schüssel sieben und sorgfältig mit der Trocken-Backhefe vermischen. Zucker, Salz, Zitronenschale, Ei, Eiweiß, Butter und Milch hinzufügen. Alle Zutaten in der Küchenmaschine oder mit einem elektrischen Handrührgerät mit Knethaken zuerst auf der niedrigsten, dann auf der höchsten Stufe in etwa 5 Minuten zu einem glatten Teig verarbeiten. Den Teig an einem warmen Ort so lange gehen lassen, bis er etwa doppelt so hoch ist, ihn dann nochmals auf der Arbeitsfläche gut durchkneten. Zu einer Rolle formen, die Teigrolle in 12–14 Stücke schneiden. Die Teigstücke zu etwa 18 cm langen Rollen formen, dabei die Rollenenden etwas dünner formen. Das Eigelb mit Milch verschlagen, die Oberfläche der Teigrollen damit bestreichen, die Hälfte der Teigrollen mit Mohn und die andere Hälfte mit Sesamsamen bestreuen. Die Teigrollen in Form von Hörnchen auf ein gut gefettetes Backblech legen, abgedeckt an einem warmen Ort nochmals so lange gehen lassen, bis sie etwa doppelt so hoch sind. In den vorgeheizten Backofen schieben.
Strom: 175–200 Grad
Gas: 3–4
Backzeit:
etwa 20 Minuten.

KÄSE-SCHINKEN-HÖRNCHEN

Für den Teig:
125 g Speisequark
4 EL Milch
1 Ei
4 EL Speiseöl
1 gestrichener TL Salz
300 g Weizenmehl
1 Päckchen Backpulver

Für die Füllung:
10 Scheiben gekochter Schinken
10 Scheiben Gouda-Käse
Kondensmilch

Den Speisequark mit Milch, Ei, Speiseöl und Salz verrühren. Das Weizenmehl mit dem Backpulver mischen, sieben und die Hälfte davon unter den Quark rühren. Den Rest des Mehls unterkneten. Den Teig ausrollen, 10 Quadrate von etwa 12x12 cm schneiden und in Dreiecke schneiden.
Für die Füllung den Schinken und den Käse in Größe der Dreiecke schneiden. Jedes Teigdreieck mit je 1 Käse- und Schinkenscheibe belegen. Die Teigecken zu Hörnchen aufrollen, auf ein gefettetes Backblech legen, mit der Kondensmilch bestreichen und in den vorgeheizten Backofen schieben.
Strom: 175–200 Grad
Gas: 3–4
Backzeit:
etwa 20 Minuten.

APFEL-PIZZA

Für den Teig:
150 g Weizenmehl
10 g Hefe
1 Prise Zucker
etwa 125 ml (1/4 l) lauwarmes Wasser
Salz
1 EL Weinbrand

Außerdem:
Butter für die Form

Für den Belag:
1 Päckchen Tomatenstückchen
Öl
je 1/4 TL gerebelter Thymian oder Oregano
1 Knoblauchzehe
2 Zwiebeln
250 g gekochter Schinken
4 mittelgroße herbsäuerliche Äpfel
2 Tomaten
Salz
weißer Pfeffer
1 Ei
100 g geriebener Emmentaler Käse

Das Mehl in eine Schüssel sieben. In die Mitte eine Vertiefung drücken, die Hefe hineinbröckeln und Zucker daraufstreuen. Das Wasser zugießen und mit etwas Mehl einen Vorteig rühren. Abgedeckt etwa 10 Minuten aufgehen lassen. Salz und Weinbrand hinzufügen, alles verkneten. Zugedeckt noch einmal 30 Minuten gehen lassen. Für die Füllung die Tomatenstückchen in dem Öl andünsten, die Kräuter, die abgezogene, gewürfelte Zwiebel und den abgezogenen, durchgepreßten Knoblauch hinzufügen, bei kräftiger Hitze sämig kochen. Den Teig noch einmal durchkneten, kreisförmig ausrollen und auf ein gefettetes Backblech legen. Die Tomatenmasse daraufstreichen, den gekochten Schinken in Streifen, die geschälten und in Ringe geschnit-

tenen Äpfel und die in Scheiben geschnittenen Tomaten darauf verteilen, würzen. Das Ei mit dem Käse verquirlen, über die belegte Pizza geben. Im auf 200 Grad (Gas: 3–4) vorgeheizten Backofen etwa 40 Minuten backen. Dazu paßt: Gemischter Salat.

SPARGEL-TARTE

250 g grüner und weißer Spargel
Salzwasser
1 TL Butter, 1 TL Zucker
100 g gekochter Schinken in dünnen Scheiben
2 Päckchen Les Sauces Béchamel à 250 ml
100 g Doppelrahmfrischkäse, 2 Eigelb
100 g fein geriebener Appenzeller Käse
Kerbelblättchen, Pfeffer
300 g TK-Blätterteig

Den Spargel putzen und in 2 cm lange Stücke schneiden. In reichlich Salzwasser mit der Butter und dem Zucker knapp bißfest garen. Den Schinken in feine Streifen schneiden. Die Sauce Béchamel mit dem Frischkäse und dem Eigelb verquirlen. Schinken, Käse und Kerbelblättchen unterrühren. Mit wenig Pfeffer würzen. Den Blätterteig auftauen lassen. Die Blätterteigscheiben zu einer Teigplatte zusammenlegen und ausrollen. Eine mit kaltem Wasser ausgespülte Tarte-Form mit dem Blätterteig auskleiden. Überstehenden Teig abschneiden. Die Tarte-Form zu zwei Dritteln mit der Béchamel-Frischkäse-Soße füllen. Die Spargelstückchen leicht hineindrücken. Im auf 220 Grad (Gas: 4) vorgeheizten Backofen etwa 20 Minuten goldgelb backen.

QUARKBRÖTCHEN

500 g Weizenmehl (Type 550)
1 Päckchen Trocken-Backhefe
1 TL Zucker, 1/2 TL Salz
250 g Speisequark
50 g zerlassene, lauwarme Margarine
etwa 200 ml lauwarmes Wasser, 1 EL Milch
Sonnenblumenkerne
Sesamsamen
Mohnsamen

Das Weizenmehl in eine Rührschüssel geben, mit der Trocken-Backhefe sorgfältig vermischen. Zucker, Salz, Speisequark (evtl. auf einem Sieb abtropfen lassen), Margarine und lauwarmes Wasser hinzufügen. Die Zutaten mit einem Handrührgerät mit Knethaken zunächst auf niedrigster, dann auf höchster Stufe in etwa 5 Minuten zu einem glatten Teig verarbeiten, an einem warmen Ort so lange gehen lassen, bis er etwa doppelt so hoch ist. Den Teig mit Mehl bestäuben, aus der Schüssel nehmen, gut durchkneten. Aus dem Teig 10–12 runde Brötchen formen, auf ein gefettetes Backblech legen. Die Brötchen mit Milch bestreichen, nach Belieben mit Sonnenblumenkernen, Sesamsamen oder Mohnsamen bestreuen.
Nochmals so lange an einem warmen Ort gehen lassen, bis sie sich sichtbar vergrößert haben, das Backblech in den Backofen schieben.
Strom: 175–200 Grad (vorgeheizt)
Gas: 3–4 (vorgeheizt)
Backzeit:
20–25 Minuten.

BOHNENPAKETE MIT KÄSE IN BLÄTTERTEIG

700 g Bobbybohnen oder andere zarte Brechbohnen
Salz, Salzwasser
gehackte Rosmarinblättchen
8 dünne Scheiben Raclettekäse (etwa 200 g)
4 rechteckige Platten Tiefkühl-Blätterteig
1 Eigelb

Die Bohnen putzen, im Ganzen in wenig Salzwasser etwa 10 Minuten kochen, aber sie sollen noch knackig sein, abtropfen und abkühlen lassen. In 8 gleich große Portionen teilen, mit etwas Rosmarin bestreuen und jede Portion in eine Scheibe Käse wickeln. Den Blätterteig auftauen lassen, jede Platte einmal teilen und so groß ausrollen, daß man die Bohnenpakete in ein Teigstück packen kann. Die Ränder der Pakete gut andrücken, die Oberfläche eventuell mit Teigresten verzieren, mit verschlagenem Ei bestreichen. Im vorgeheizten Backofen bei 200 Grad (Gas 3) etwa 20 Minuten backen. Als Beilage zu festlichen Braten reichen.

SCHINKEN-PIROGGEN

Für den Teig:
300 g Weizenmehl
1 TL Backpulver
1/2 TL Salz
100 g kalte Butter
5 EL saure Sahne
1 Ei

Für die Füllung:
250 g gekochter Schinken
3 EL feingeschnittener Dill
60 g gekochter Reis (20 g Rohware)
1 Zwiebel
1 EL Butter
100 g rosa Champignons
Salz
Pfeffer
1 Ei
2 EL Milch

Außerdem:
Alufolie und Back-Trennpapier

Das Mehl mit dem Backpulver mischen und in eine Schüssel sieben. Die übrigen Zutaten für den Teig hinzufügen, zuerst mit dem Knethaken, dann mit den Händen rasch zu einem glatten Teig verkneten. In Folie gewickelt mind. 1 Stunde kalt stellen. Den Schinken feinwürfeln, mit Dill und Reis in eine Schüssel geben. Zwiebel abziehen, würfeln und in Butter weichdünsten. Die Champignons putzen, waschen, kleinhacken und hinzufügen. Bei starker Hitze unter Rühren so lange dünsten, bis die Flüssigkeit verdampft ist. Zum Schinken geben, salzen, pfeffern und gut vermischen. Den Teig etwa 3 mm dick ausrollen und rund ausstechen (Durchmesser etwa 10 cm). Die Füllung daraufgeben. Ei trennen. Die Teigränder mit Eiweiß einstreichen, die

MINI-LAUCHPIZZEN

Teigplättchen zu Halbkreisen zusammenlegen und die Ränder mit einer Gabel rundherum festdrücken. Auf ein mit Backtrenn-Papier ausgelegtes Blech legen. Eigelb mit Milch verquirlen und die Teigoberfläche damit bestreichen. Im vorgeheizten Backofen bei 200 Grad (Gas: 3–4) etwa 25 Minuten backen. Dazu schmeckt saure Sahne.

(4 Stück)

125 g Weizenmehl
1/4 TL Salz
70 g kalte Butter
2 EL kaltes Wasser
4 Scheiben junger Gouda
100 g durchwachsener Speck
2 Stangen Lauch (Porree)
Salz
frisch gemahlener Pfeffer
150 g Edamer

Das Weizenmehl sieben, mit Salz, Butter und Wasser rasch zu einem glatten Teig verkneten. Eingewickelt kalt stellen. Den Teig auf bemehlter Arbeitsfläche dünn ausrollen. Vier Torteletttförmchen (Durchmesser etwa 10 cm) damit auskleiden. Den Gouda auf den Böden verteilen. Den Speck in Würfel schneiden und auslassen. Den Lauch (Porree) putzen, seitlich einschneiden, gründlich waschen und in Scheiben schneiden. Im Speckfett etwa 10 Minuten dünsten. Mit Salz und Pfeffer würzen. Den Edamer würfeln und mit der Lauch-Speck-Mischung auf die Torteletts verteilen. In den vorgeheizten Backofen schieben.
Strom: etwa 200 Grad
Gas: etwa 3
Backzeit:
15–20 Minuten.

ZWIEBELKUCHEN VOM BLECH

Für den Teig:
400 g Weizenmehl (Type 550)
1 Päckchen Trocken-Backhefe
1 TL Zucker
1 gestrichener TL Salz
4 EL Speiseöl
250 ml (1/4 l) lauwarme Milch
Für den Belag:
1 1/2 kg Gemüsezwiebeln
2 EL Butter, Salz
frisch gemahlener Pfeffer
gemahlener Rosmarin
1 TL Kümmel
1 abgezogene, zerdrückte Knoblauchzehe
350 g durchwachsener Speck
200 g mittelalter Gouda
3 Eier
2 EL Crème fraîche
Butter oder Margarine

Das Weizenmehl in eine Schüssel sieben, mit der Trocken-Backhefe sorgfältig vermischen. Zucker, Salz, Speiseöl und Milch hinzufügen. Alles mit einem Handrührgerät mit Knethaken zuerst auf niedrigster, dann auf höchster Stufe in etwa 5 Minuten zu einem Teig verarbeiten. Sollte er kleben, noch etwas Mehl hinzufügen (aber nicht zuviel, der Teig muß noch weich bleiben). Den Teig an einem warmen Ort so lange gehen lassen, bis er sich sichtbar vergrößert hat.

Für den Belag die Gemüsezwiebeln abziehen, vierteln und in Scheiben schneiden. Die Butter zerlassen, die Zwiebelscheiben darin andünsten, mit Salz, Pfeffer und Rosmarin würzen. Den Kümmel und die Knoblauchzehe unterrühren. Die Masse 15–20 Minuten im offenen Topf dünsten lassen, bis alle Flüssigkeit verdampft ist, ab und zu durchrühren, erkalten lassen. Den Speck in Würfel schneiden, den Gouda raspeln und zusammen mit den Eiern und der Crème fraîche unter die Zwiebelmasse rühren. Mit Salz und Pfeffer abschmecken. Den gegangenen Teig nochmals gut durchkneten, ihn in der Größe einer Fettfangschale ausrollen, die Fettfangschale mit Butter oder Margarine ausfetten, den Teig hineingeben, an den Seiten hochdrücken und die Zwiebelmasse darauf verteilen. Den Teig nochmals an einem warmen Ort gehen lassen.

Strom: 200–225 Grad (vorgeheizt)
Gas: 3–4 (vorgeheizt)
Backzeit: etwa 40 Minuten.

KRÄUTERBAGUETTE

600 g Weizenvollkornmehl
1 Päckchen Trocken-Backhefe
knapp 500 ml (1/2 l) lauwarmes Wasser
1 1/2 EL Meersalz
3 EL feingeschnittener Schnittlauch
3 EL feingehackte Petersilie
1 Eigelb, 1 EL Wasser

Das Weizenvollkornmehl in eine Rührschüssel geben. Mit der Trocken-Backhefe mischen. Wasser und Meersalz hinzufügen. Alle Zutaten mit einem Handrührgerät mit Knethaken auf niedrigster, dann auf höchster Stufe in etwa 5 Minuten zu einem glatten Teig verarbeiten. Gegen Ende der Knetzeit den Schnittlauch und die Petersilie unterkneten. Den Teig an einem warmen Ort so lange gehen lassen, bis er sich sichtbar vergrößert hat. Nochmals gut durchkneten. Aus dem Teig 8 etwa 15 cm lange Rollen formen, auf ein mit Backtrennpapier ausgelegtes Backblech legen und nochmals so lange an einem warmen Ort gehen lassen, bis sie sich sichtbar vergrößert haben. Die obere Seite der Baguettes 4–5 mal 1 cm tief schräg einschneiden. Das Eigelb mit dem Wasser verschlagen, die Kräuter-Baguettes damit bestreichen und das Backblech in den vorgeheizten Backofen schieben.

Strom: 175–200 Grad
Gas: 2–3
Backzeit: 20–30 Minuten.

KAPITELREGISTER

KLASSISCHE OBST- UND SAHNE-TORTEN

KUCHEN IN FORMEN

KUCHEN AUF DEM BLECH

PLÄTZCHEN UND KLEINGEBÄCK

WEIHNACHTSGEBÄCK

VOLLWERTGEBÄCK

PIKANTES BACKEN

ALPHABETISCHES REGISTER